見えない
チカラを
味方に
つけるコツ

山崎拓巳
Takumi Yamazaki

sanctuary books

ん？

ただの気のせい？

それともなにかある？

「えー、ないない」

そう思って見てみれば、
たしかになにもない。

きっと、偶然だろう。

でも、もしかしたら、

その偶然には

なにか意味があるのかも。

そう思って、ちょっと気にしてみる。

すると

そこには本当に「なにかがある」

のかもしれない。

「ある」と思っている人にとっては
たしかに存在する、不思議で、見えないチカラ。

それは
からだや気持ちや生き方が、
心地いい状態になっているとき、
ふだん使っていない感覚《センサー》に
ひっかかってくるもの。

そして

ただその存在に

意識を向けるだけで、

自分が本来進むべき道をしめし、

そっと背中を押してくれるもの。

その道を進んでいくと

いい予感

や

ワクワクした気持ち

が

ドンドンあふれてきて…

その過程で、

ふとしたヒラメキがあったり

すばらしい出会いがあったり、

思いがけないチャンスにめぐまれたり、

そんな、いいことが

いっぱい起きるようです。

ではどうすれば

そんな不思議なチカラが味方になってくれるのか。

それは人によってさまざま、唯一の正解はありません。

でも古今東西、不思議なものから科学的なものまで、

さまざまな専門家が、

たくさんのヒントを残してくれています。

その中から私が実際にためしてみて、

本当に効果を感じている

ちょっとした習慣を

これから紹介していきたいと思います。

見えないチカラを味方につけるために。

あたらしい人生は
あたらしい習慣を加えることからはじまります。

あなたの人生を変えるようなきっかけを
この小さな本から見つけていただくことができたなら、
これ以上の幸せはありません。

ものは心で見る。
肝心なことは目では見えない。

『星の王子さま　バンド・デシネ版』
アントワーヌ・ド・サン＝テグジュペリ：著
池澤夏樹：訳

contents

○この本で紹介している各方法の効果は、あくまでも著者本人が個人的に感じられたものです。
効果には個人差がありますのでご了承ください。

見えない
チカラを
味方に
つけるコツ

まえがき

Prologue

この世には自分が思っていた以上につるつると
うまく事を運んでくれる魔法がある。

懐かしい人のことを思い出していたら、急にその人から連絡があった。
このあいだ話題にしていたお店が、最近テレビでやたらと取り上げられるようになった。
なんとなく見覚えのある場所だと思ったら、そこでステキな出会いがあった。

そんな出来事があったとき、
「ただの偶然だ」「よくあることだ」と感じる人もいるでしょうし、
「なんとなく予感していた」「なにかのメッセージかもしれない」と感じる人もいるでしょう。

私は強い霊感の持ち主だったりするわけじゃないので、
そのとらえ方は、どっちが正しいのかはわかりません。

ただ、きっと、どっちも正しいんだと思うんですよね。
つまり、不思議な出来事について、
「あるわけないだろう」と信じている人には、
「あるわけないこと」だろうし、
「あるかもしれない」と信じている人には、
「あるかもしれないこと」なんだって思うんです。

私はどうか？　と言えば、
私は「あったらいいな〜」とあこがれている派。
その証拠に、いつもひまさえあれば空を眺めて、
ＵＦＯいないかなーって探している。
「存在する」「存在しない」以前に、
「存在してほしい」って願っているんです。
なぜなら、そういう「自分の理解を超えたものが存在する」と考えた方が、
自分の人生に対するワクワク度が、はるかに上がるから。

私の中には、まだ秘められたチカラがあるんじゃないか。
私の気づいていないところで、私のことを守ってくれているチカラがあるんじゃないか。
野山で駆け回ったり、海を眺めて暮らしたり、お墓でかくれんぼをしたり、そんな自然の中で育った幼少の頃から、ずっ

とそんなことを感じながら生きてきました。

そして今日にいたるまで、
積極的に「見えないチカラ」と向き合っている人たち、たとえばチベットのお坊さんや超一流と言われている鍼灸師、占星術師、脳科学者とか心理カウンセラー、スポーツトレーナー、祈祷師、霊媒師などと出会い、
こうなんじゃないの？　っていう思い込みは捨てて、
シンプルに「面白そう」っていう好奇心にまかせて、
彼らが大切に研究してきた「不思議」をたくさんためしてきました。
その中から特に、私が「これは使える」と実感したコツを集めたのがこの本です。

見えないチカラを信じていなくても、
一時的に成功したり、しあわせになったりする人はいる。
でも私のまわりにいる、ずっと成功し続けたり、ずっと人生を楽しみ続けている人は、
みんな多かれ少なかれ、見えないチカラの存在を信じてる気がします。

いろんなステキをひきつけてくれるものって、
運気とか、ご縁とか、うまくいくリズム感とか、結局そういう「目に見えないもの」だから。

命もそう、愛情もそう、しあわせもそう、
本当に大切なものは、目には見えません。
静かな場所で、肩の力を抜いて、
その存在をゆっくり感じてみながら、
この本を読んでいってくれたらうれしいです。

思考のズレを戻す

α波のはなし

refresh

レンズをぬぐえば、現実は美しく映し出される。

遅刻しそうなときに限って、上着のボタンを掛け違える。
長引く電話がかかってきたり、目の前で電車が行ってしまったりする。
なにをやってもタイミングが悪いっていうか、うまくかみ合わないっていうか、ことごとく外れるっていうか、そういう「ズレてるな〜」って感じるときがありますよね。
それは現実が悪いのではなく、現実を映し出す心が乱れているのです。
“思考のズレ”が、“現実のズレ”として実現しているんですね。
スノーボードでたとえるなら、なかなか自分の軸に乗れなくて、なにかと転びやすくなっているとき、とでも言いましょうか。
そんなときは「どうするか？」。
物事を決めないことです。

判断している基準そのものがズレてしまっているからです。
強引に物事を進めようとするよりも、ひと息ついてズレを直すことが先決。
心の平安を取り戻して、正しく「現実を体験し直す」方が、より早く自分の目的を果たすことができます。

でも「喉が渇いているときは、すでに脱水症状」。
ズレてから、元に戻すというのはなかなか大変です。
だから「喉が渇く前に、水を飲んだ方がいい」というように、私は調子が悪くなる前に、リフレッシュをするようにしています。
たとえばマッサージ。
マッサージをうけたことがある人ならわかると思いますが、「あ、いまモードが変わったな」って感じる瞬間、ありませんか？
α波に入った瞬間ですよね。
自分がβ波の真っただ中にいるときは、α波モードの感覚を思い出せません。
なぜならα波モードの存在すら忘れてしまっていて、β波の世界で思考し、行動し、結果を出そうとしているからです。
でもじ実際α波の世界に入ってみると、
そうなんだ、そうなんだ、そうだった、忘れてた！　この場所に帰ってきたんだ〜！
って思い出す。
ここがまさに「自分の軸」で、そこにはえもいわれぬ喜び、そして知恵と知識があふれるソースがある。
軸に乗って、エネルギーがあふれはじめれば、その後の仕事はびっくりするくらいはかどると知っているので、私はマッサージに行くことは贅沢ではなくむしろ仕事だと思っています。

マッサージと似たような習慣として、私には「お祓い」があります。
なんとなく「まずいな」「悪いことが続くな」「流れがよくないな」と感じるタイミングで、すぐにやってもらうことにしてます。
場所も、ふらっと気ままに。お祓いをするのにいい神社とかお寺は、地元のお年寄りに聞くのが一番。「なんかこのあたりで、お祓いしてもらうのにいいとこないですか？」って聞いたら、たいてい即答で教えてくれます。
私は、神社という存在が大好きです。
神社の境内にただよう、凛とした清浄な空気は、心を洗ってくれる気がするし、宮司さんが聞かせてくれる神社のエピソードは、おくぶかーい神秘性を感じさせてくれる。それからふさふさのついた大幣《おおぬさ》で、頭の上をしゃっしゃっと祓って もらうと、お風呂上がりみたいに、スカッとさわやかな気持ちになります。

お祓いをしてもらうことによって、本当に邪気が祓われたのか、神社にはそんな力があるのか、私にはよくわかりません。でも「お祓いをしてもらうと絶対調子がよくなる」という思い込みを、積極的に採用しているので、神社から出る頃には、ちゃんと身も心も「美しい！」のです。

人生で本当に大切なことは、大きなことをやりとげるために悩み苦しむよりも、つねに「明るい現実」を見ていられるよう、毎日コツコツと自分を喜ばせてあげることかもしれませんね。

週に１回、「リフレッシュ」の予定を入れる。

感性を磨く

パワースポットのはなし

powerspot

オーラのある場所にいると、オーラが身につく。

その場に入ってくるだけで、場の空気をがらっと変えてしまう。
そんなオーラを持った人っていますよね。
なにもしなくても、しぐさ、表情、存在感だけで、いろんな人の心を動かしてしまう。
なにげないひと言が、人生にまで影響を与える。
どうすれば、そんなオーラを宿すことができるのでしょう？

数多くの“オーラの強い人たち”と出会ってきた結果、私にもわかったことがあります。

ひとつは、「オーラの強い人は、“オーラの強い人たち”と過ごしている時間が長い」ということ。
もうひとつは、「オーラの強い人たちは、“オーラの強い場所”にしょっちゅう訪れている」ということです。

だから私も、古い伝統のある神社やお寺、ホテル、レストラン、文豪やアーティストの生家やアトリエの跡地などなるべく強いオーラを持っている場所、つまりパワースポットを訪れるようにしています。
なにか特別なことをするわけじゃありません。
その場に漂っているオーラそのものを、自分のからだに触れさせている、しみこませている、という感じでしょうか。

わかりやすい例で言えば、美術館も私にとってはパワースポットのひとつなんです。

世の中には時間が経つにつれて、だんだん「ただのボロ」になっていくものと、「アンティーク」になっていくものってありますよね。
一方は捨てるにもお金がかかるし、一方はだんだん高価なものになっていく。その違いを決定づけているものは一体なんなのか、言葉ではなかなか説明はできません。

骨董屋の店主は「つねに本物だけを見続けるように」って弟子に教えるそうです。本物に慣れていけば偽物を見た瞬間、偽物だってわかるようになるらしい。
それって、いつも「本物」に触れてさえいれば、本物がなんなのか、肌感覚でわかってくるようになるということだと思うんです。

歴史的価値とか、見るべきポイントとか、別によくわからなくてもいい。
まったく知識がなくても、興味を持てなくても、なんとなく「感じる」ことだけはできると思うから。
「あ！　これ、部屋にあったら可愛いかも」「なにこれ～？変なの～」と、気ままに見て回るだけでも、ちゃんとオーラを吸収できているはずです。

ときどき、ふと「あっ」と心が揺れるものと出会うことがある。
いま動いたな。なんで揺れたんだ？
心が揺れたことは確信しても、頭ではなんで揺れたのかわからない。
雑誌をぺらぺらめくる感じによく似ています。
ふと目にとまるものがあって、なんで目にとまったんだろう。気になって、記事を読みはじめる。あの感じです。心の反応が先、頭で考えるのは後なんですね。

美術品って、宇宙からエネルギーを集めて、こちらに向かって放出してくれる、ふしぎな装置ではないかと思うんです。あらゆるものとつながる瞬間というか、もうすでにイメージの中で答えを知っている状態、そんなような感覚を、疑似体験させてくれるものであるような気がします。

そして、そういう時間をたくさん持てば持つほど、物事を見定める精度があがっていくのを、実感しています。
つまり、パワースポットを訪れることは、人生でよりよい選択をするための、いいトレーニングにもなるんです。

私がとくに影響を受けたパワースポットは、
北海道のモエレ沼公園、岩手の宮沢賢治記念館、新潟の北方文化博物館、東京の原美術館、岡本太郎記念館、箱根の彫刻の森美術館、香川のイサム・ノグチ庭園美術館…などです。

どこもゆっくり空想したり、心をぐいっと動かされたり、非日常的な時間をすごせたり、すてきな場所なので、ぜひ一度は訪れてみてほしいです。

いいものやいい場所に、
自分を触れさせる。

幸運を引き寄せる

おまじないのはなし

affirmation

凄いことは、いつもアッサリ起きる。

抱えている問題がある。
または、やりたいことがある。
でも、どうすればいいかわからない。
なにかいいアイデアはないものか。

ひらめき。
それは、目の前で起きている現実を素直に信頼して、
時間の流れを自分のものにしていると、
すべてをショートカットして、すぱーんとやってくるもの。
そのひらめきを声に出してみたり、文字にしてみたりすると、
自分の心が動きはじめ、時間の流れに素敵な方向を与えてくれます。

どうすれば、そんなひらめきが降りやすくなるんでしょう。

たとえば、意識の上で、
「夏までに絶対５キロやせたい！」
「しめきりまでに間に合わせないと大変！」
などという風に強く思いすぎると、
潜在意識は、
「それはとても実現が困難なことなんだ」
「だからこんなにチカラが入っているんだ」
と思ってしまいます。
そうすると、簡単な解決方法がたとえ目の前にあったとしても、それが見えなくなってしまうんですよね。

それをリラックスして、
「もうとっくにできている風」にしてみると、
おまじないの言葉に変わります。

夏までに絶対５キロやせたい！
しめきりまでに間に合わせないと大変！
　↓
＜私は、夏までに５キロやせている＞
＜私は、しめきりに間に合うことを知っている＞

こんな風に、起きてほしい現実を心になじませて、それをそっくりそのまま言葉にすると、起きてほしい現実は向こうからやってきますよ。

もしくは、こう書き換えてもいいです。

＜私は、夏までに５キロやせる準備ができています＞
＜私は、しめきりに間に合わせる準備ができています＞

この書き換え後の言葉は習慣の専門家の佐藤伝さんに教わったもので､私は心にやさしい｢魔法の言葉｣って呼んでいます。

ひらめきを降ろすために、言葉だけではなく、質問を変えてもいい。

「困った！　間に合わないかも?!」
「どうしよう?!　方法がわからない」
「何度やっても、うまくいかない…」

「できない」「わからない」「うまくいかない」など“ない”という言葉が入ると、ひらめきはやってきません。
なぜなら、潜在意識は、“ない”ものを見つけることができないから。

インターネットの検索エンジンと同じ。
「○○○」は見つけられても、「○○○じゃないもの」は探せない。
そうすると意識は、問題の解決法ではなく、起こっている悲しい問題そのものにフォーカスしちゃうんですよね。

そこで「ない」ものではなく、「ある」ものを探す質問に変えます。

「困った！　間に合わないかも ?!」
　↓
＜どうすれば、間に合わせられるか？＞

「どうしよう ?!　方法がわからない」
　↓
＜どうすれば、方法が見つかるか？＞

「何度やっても、うまくいかない…」
　↓
＜どうすれば、うまくいくだろう？＞

明るい答えを探す質問は、潜在意識の中をかけめぐって、答えを探しはじめ、見つかった答えが、ひらめきとして意識に降りてきます。

＊

困難に直面したとき、
「どうしてこんなことに？」「なんで、私だけ？」
となかなかすぐに、受け入れられないときがあります。

そんなときは、この言葉を唱えてほしい。

「すべてはうまくいっている」

その瞬間、呪縛から解放されます。
悲劇に思えるような出来事も、つらく厳しく感じられる出来事も、それはわざわざ起きている。それもベストなタイミングで起きている。すべてがいい方向に進むために起きている。そんな風に、起こった現実を素直に受け入れる、そのきっかけをつくってくれる魔法の言葉なんです。
出来事には「事実」と「事実に与える意味」が含まれます。
「事実」は変更することはできません。

しかし「事実に与える意味」は簡単に変えることができます。

車で事故ってしまった。最悪だ。

事実＝“車で事故を起こした”
事実に与える意味＝“最悪だ”
↓
事実に与える意味＝
“事故を起こしたけどからだは無傷だ。ツイてる!!”

こんな風に、かんたんに変えることができるんですよね。

起きた出来事は「はい、わかりました!」とサクッと受け入れる。
そして、
「だから、どうする?」「他には方法はない?」と能動的に進んでいけば、
悩みごとのほとんどは、そもそもはじめから存在しないはず。

なにかに挑戦するときは、
「もうとっくにできている風」につぶやく。

ひらめき力を高める

瞑想のはなし

meditation

「なにも考えないように」と、
考えている自分を消す。

私たちは情報の渦に飲み込まれています。
大量の言葉や音の数々が、いつもノイズとなって大脳を刺激しているせいで、
頭の中で繰り広げられる会話は、いつまでもストップしてくれません。
この頭の中の会話に、人生そのものもコントロールされています。

試験のことがずーっと気になっている。
「勉強しなきゃ」と考えているけれど、ドラマの続きを見たいという感情にとらわれていて、
なかなかテレビの前から離れることができない。
本当は勉強したほうがいいよね。
でも目が離せないほど、面白いんだよね。
というような具合に、頭の中の会話は続いていきます。

頭の中の会話を止めないと、
本当にやるべきことのために行動を起こせません。

そこで私はこんな方法を使っています。
私たちをコントロールしている感情や思考の空間がある。
さらにその上に想像の中で、ちいさな空間を作ってみます。
そこへ「自分自身」をぽんと置いてみる。

そして、
「試験のことが気になっている」っていう自分と
「ドラマの続きが気になっている」っていう自分を
上からただ眺めてみるんです。

ふたりの自分を「認識」することによって、
頭の中の会話が、すこし静かになっていきませんか。

それでも頭の中の会話がやまなければ、
頭の中で「あーーーーーー」って声を出しっぱなしにしてみる。
ちょっと力技ではありますが、そうすれば頭の中の会話は停止しますよね。
まずはこの感覚を、体験してみてください。

こんな風に、思考と感情の上にスペースを作って、自分を客観的にながめてみたり、
頭の中の会話を強制的にストップさせることによって、
「次になにをするべきか？」「どう動くべきか」というインスピレーションが降りてきやすくなります。

いいトレーニング方法があります。
ポイントは「呼吸」です。
呼吸は心の状態と関係しているので、「自分の呼吸の状態」に気づくことができれば、自分の感情の変化がわかります。
不安を感じているとき呼吸は浅くなっています。
呼吸が浅い状態が続くと、ますます不安を感じるようになります。
反対に呼吸を深くすることによって、気持ちが落ち着いてきますよね。

これを応用したものが「瞑想」です。
瞑想といっても、べつに難しいものじゃありません。
ただ、「呼吸」に意識を集中させるだけでいいんです。
軽く目を瞑《つむ》るか、どこか一点を見つめてみてください。
それから、ゆーっくり呼吸をしながら、だんだん自分の呼吸に意識を集中させていく。

いーち、にー、さーんと、ゆ〜っくり吐く。
いーち、にー、さーんと、ゆ〜っくり吸う。

1分間に4〜6回の呼吸を楽しみます。
それを2分間ほど続けると、深いリラックス状態に入ります。

呼吸のペースを遅くすると前頭前皮質が活性化し、心拍変動も上昇します。
これが、脳と体をストレス状態から自制心を発揮できる状態に切り替えるのに役立つのです。
このテクニックを数分間試すうちに、気分が落ち着いてコントロールが利くようになり、欲求や問題に対処する余裕が生まれます。

〜『スタンフォードの自分を変える教室』ケリー・マクゴニガル：著

さらに、「吐いて〜」から「吸って〜」に変わるときの、ちょっとした「間」に意識を向けてみてください。
この間を楽しむようにしていると、さらに深みのある呼吸を楽しめるようになります。
そのうち、鼻から空気が出入りしていく感覚とか、お腹や胸がふくらむ感覚をリアルに感じることができるようになります。

やがて「あ、あの人に連絡しなきゃ」という感じで、意識がなにか他のものに引っ張られます。引っ張られたことに気づくことができたら、また意識を呼吸に戻します。
ある偉いお坊さんはこう言いました。
「“悟り”とは、ずれた自分に気づいて、元に戻す行為である」と。
それを聞いて、「偉いお坊さんもずれるんだなー」と、私はちょっとほほえましい気持ちになりました。

吐いてー、吸ってー、
「昨日、あの人と意見が合わなかったな」
とずれたら、
また意識を呼吸に戻す。

「今日はパスタ食べたいな」
あ、またずれた。
意識を呼吸に戻す。
ずれた自分に気づいて、また元に戻す…。
“悟り”の世界の入り口というものは、どうも私たちのすぐ近くにあるようです。

瞑想は朝起きたときとか、夜寝る前にやるといいそうですが、私の場合は、「やってみよう」と思い立ったときにやることにしています。
たとえばバスを待っている時間とか、待ち合わせをしている時間とか。
そういう使いものにならない「ジャンクな時間」を有効利用して、スマートフォンのストップウォッチを使って、2分間、瞑想しています。

なにかいいアイデアがないか探しているときは、瞑想をしながら「いくら絞っても水が出てくる雑巾」をイメージするときもあります。
絞っても絞っても、じゃーじゃー水が溢れ出てくる雑巾。
なんて気持ちいいんだ〜この雑巾！
そんな気分で瞑想を終えると、不思議といろんなアイデアが次々と浮かんでくるんですよね。

またこの情報の渦の中では「孤独」を感じる時間も貴重な時間。
「ひとりぼっちで、さみしい時間」というのは、情報を遮断し、周囲の雑音を消して、自分自身と向き合える時間でもあるんです。

「本当はどんな風に生きたいのか」「なにを手に入れて、なにを手放せばいいのか」「誰として、生きていきたいのか」、
自分自身にそんな問いかけをして、思う存分、考えををめぐらせる。
なんでもないそんな時間が、実は人生の中で最高に贅沢な時間なんです。

毎日２分間、
「考えない時間」をつくる。

意思決定に使える

筋反射のはなし

kinesiology

あたまでわからないことは、からだに聞いてみる。

自分のことは、自分が一番よくわかっている？
いいえ。私たちは「自分の本心」というものを、
自分でも、意外とわかっていないらしいのです。
なぜなら私たちの頭の中は、自分で認識できる「意識（思考）」の部分と、自分では認識できない「潜在意識」とにわかれているからです。

そして、私たちは生活の大部分を潜在意識にまかせています。どれくらい違うかと言えば、ふだん思考している意識の情報量を１としたら、潜在意識の情報量は99と言われるほど。
潜在意識は心臓を動かしたり、つめや髪を伸ばしたり、汗をかかせたり、からだの重要な機能をすべて網羅しているそうです。また「あらゆる問題の解決方法を知っている」とも言われたりしています。

つまりこういうこと。
野生動物は身の危険を察知したり、遠くにある水や地中の食物のありかを感じ取ったりできますが、本来人間にもそのような力が備わっていたし、いまでもそれらを失ってしまったわけではない。
潜在意識は私たちの知らないところで、あらゆる情報をキャッチしながら、私たちの知らないところでずっと考えている。
だからなにか判断に迷ったときは、潜在意識に聞いてみるのがおすすめだというわけです。

ただ、ふだんは思考が邪魔しているから、潜在意識の考えはわかりません。
そこで頭で考えるのではなく、からだに聞いてみる。
筋肉の反射をとることで、潜在意識がなにを思っているのかを知ることができます。

一番かんたんなのが「セルフO《オー》－リングテスト」という方法です。

① 左手の人差し指と親指を軽く触れる程度にくっつけ、Oの字型の輪っかをつくる。

② 右手の人差し指を、Oの字のつなぎ目に引っかける。

③ それから、初期設定をします。

ひとつめの質問は「私は男です」「私は女です」。

ふたつめの質問は「愛している」「バカやろう」。

それぞれ言葉に出しながら、輪に引っかけた右手の人差し指を引っ張ってみる。

自分の性別だ／愛している＝輪っかにした指は閉じたまま。
人差し指が抜けない。
自分の性別じゃない／バカやろう＝輪っかにした指の力が抜けて、人差し指が抜ける。
これでセッティング完了です。あとは自分が迷っていることについて、なにか質問をしてみてください。

「次の旅行、私も参加したほうがいい？」
「今日の飲み会はどの服を着ていく？」
「焼き肉？　中華？　それとも和食？」
「これ、買ってもいいかな？」

慣れてくると、ぱっぱっと潜在意識は意見をくれます。
過信するのはおすすめしませんが、手がかりがないときの良きヒントになります。

Ｏ－リングテストとは、もともとカイロプラクティックの世界で“筋反射テスト”として発明されたもの。
それをアメリカで学んだニューヨークの日本人心臓外科医・大村医師が、“Ｏ－リング”にアレンジして日本に紹介したもの、なんだそうです。私は“Ｏ－リング”のことを高校生の頃、鍼灸の先生から教わりました。はじめはなにかのオマジナイ程度に考えていましたが、とても役に立つので、教わって以来ずっと日常的に使い続けています。

またこんなときにも役に立ちます。
たとえば家の中で、さがし物がみつからないとき。
「この部屋にある？」「腰より下の高さ？」「ひきだしのなか？」

とＯ－リングテストをしながら、場所を絞りこんでいくと、あっさり見つかったりする。そう教えてくれたのは友人の佐藤伝さんでした。
自分はすっかり忘れていても、潜在意識は覚えていたりするんですね。
絶対見つかるとはとても言えませんが、見つかる確率は上がると思います。
みなさんも軽い気持ちでためしてみてください。

それから「物事がうまくいくツボ」を探してみると面白いですよ。
なにをやっても、やることなすことがうまくいくツボ。それをみつけてツボ押しをするのです。

「物事がうまくいくツボは、おへそより上ですか？」「からだの前面？」「中心より右？　左？」といった感じで探っていくと、たとえば「左手の甲の真ん中」がそれだとか、あるときは「あごの中心」だとか、潜在意識は教えてくれます。
そしてそこを押すことによって、きっと「物事がうまくいく」流れを生み出せるのです。

※Ｏ－リングテストのかわりに、“ペンデュラム”という振り子を使ってみるのもおすすめ。

パートナーがいる場合は、こんな方法もあります。

テストをされる人＝Ａさん

テストをする人＝Ｂさん

① Aさんはまず普通に座って、きき腕を前方水平よりすこし上に伸ばす（そのとき上から押さえられても下がらないように、肩と腕に力を入れる）。

② Bさんは、Aさんの手首よりひじ側の部分を、下にゆっくりと力強くググググッと押し下げる。

③ Aさんが正しく座っていれば、Aさんの腕は下がらない。もしもあっさり下がる場合は坐骨を左右から寄せて、お尻をすぼめて座り直す（そうするとちゃんと力が入る）。

④ その状態でBさんは質問をして、Aさんの腕をゆっくりと力強くググググッと押し下げる。

⑤ Aさんの答えが「イエス」もしくは「ポジティブ」なら、Aさんの腕は下がらない。反対に「ノー」もしくは「ネガティブ」なことなら、Aさんの腕は下がる。

潜在意識の意見が「イエス」
または「ポジティブ」なとき。

あなたは男ですか？
Bさん
Aさん

腕は下がらない。

潜在意識の意見が「ノー」
または「ネガティブ」なとき。

あなたは女ですか？
Bさん
Aさん

腕の力が抜けて下がる。

潜在意識が「それは違う」「それは嫌だ」と判断すると、筋肉の力が抜けて、腕が下がるそうなんです。
たとえば、ある食べ物や、ある人物の顔、ある場所を思い浮かべたとき、力が抜けてしまうならば、それはあなたがストレスを感じている証拠かもしれません。

そうやって、ときどき自分では気づいていない「ストレスの源」を探してみたり、
反対に、「心の底から求めているもの」を探してみたりして、
「自分の本心」と上手に会話してみてください。

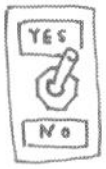
YES
NO

迷ったときは、こっそりためしてみる。

不安がやわらぐ

輪廻転生のはなし

reincarnation

「死ぬこと」について考えると、自由になれる。

なにか新しいことを経験しようとする。
すると人は緊張したり、暗い気持ちになったり、不安を感じたりする。
簡単に言えば、「こわい！」ですよね。
「こわい！」の正体はなんでしょうか。
「恐怖とは生命を維持する安全装置だ」とある人から教わったことがあります。

人類が誕生して以来、長い長い歴史がありましたが、
現在ほど「安全な時代」はありません。
ではなにが、こんなに安全な社会を創らせたのか。
「夢や希望だ」という考え方もあるかもしれませんが、最も影響力が強いのは、死に対する恐怖、つまり「生命維持の記憶」なんですよね。

その長い長い歴史の中で、
「生命を維持するための知恵」がDNAにどんどん刻みこまれていきます。
なぜなら何事も強気で、怖いもの知らずの人間は、崖から落ちてしまったり、肉食動物に喰われたりして、命を落とす人が多かったはずだからです。
言ってみれば、いまの地球上には、なんでもかんでも「こわい！」って怯えたり、自分の身を守ることに夢中になってきた、気の弱い人の末裔ばかり。
「あのとき強気じゃなくてよかった〜」っていう経験をたくさん積んできたビビリの精鋭たち、その子孫の集まりなんですよね（笑）。
でもだからこそ、私たちは安全な社会を創り出すことができた。

そんなDNAの命令に従って、あらゆる「こわい！」に対して、従順な態度を続けてもいい。
でもそうすると、生命維持という目的に対しては正しいけれど、結局やりたいことを経験しないまま年齢を重ね、「やりたいけど、もう年齢的に無理…」ということになるかもしれない。

自分のやってみたいことに対して、
もっとストレートに「やる」という選択ができるようになりたい。
そのためにはどうやって「こわい！」という感情と向き合えばいいのか。

たとえば、こういうのはどうでしょう。
恐怖というものは、
基本的に「下手すると命を落とすぞ」という思い込みからはじまります。
「思い切ってやってみよう」とすると同時に、DNAは警報を鳴らす。
つまり最悪の事態である「命を落とす」をイメージさせて、足を止めさせるわけです。

だから「やっぱりやめよう」という気持ちが湧いてきたとき、「これをやってみた場合、最悪はどうなる？」と自分自身に何度も粘り強く問いかけてみることで、恐怖の呪縛はじょじょに解けていき、「死ぬわけじゃないし」という結論にいたります。

またもっと行動力を上げるためには、
「自分が死ぬ」ということに対して、
とりあえずの答えを持っておけばいいのかもしれません。

死ぬってなんなのか？
死んだらどうなるのか？
「死後の世界」はあるのか？
難しく考える必要はないですよね。
結局、生きている私たちには、わかりようがないことです。
ただ、どっちが得か、損かで考えてみたら、
私は「生まれ変わる」と考えておいた方が得だと思っています。

なぜなら、
死んだときに、もしあの世が存在しなかったとしたら、「なーんだ、あの世なんてなかったじゃん！」とは思えないからです。
反対にもし「え？　あの世って、あるんじゃん！」ということになったらどうでしょう。「ない」と固く信じて生きていた人は、うろたえますよね。

もう二度と会わない人とのお付き合いと、
これからも会い続ける人とのお付き合いの仕方は違いますよね。

それと同じように、
この世の終わりの時点で、
自分や出会った人たちとのお付き合いが途切れるのか。
あの世にいったとしても、
自分や出会った人たちとのお付き合いは続いていくのか。
人生の中ではいろんな課題が与えられますが、
その課題は死んだ時点で消滅してしまうのか。
それともちゃんとクリアするまで、永遠について回るものなのか。
そういった考え方の違いによって、
人生との向き合い方も、まったく違うものになりそう。

*

こんな話を聞いたことがあります。
あの世には、魂がいっぱいいる。
みんな「肉体」を待っていて、超、超、奇跡的な確率で、魂は肉体を手に入れることができます。

「生まれてきただけで丸儲け」というわけなんです。
あなたも、私も、その魂のうちのひとつ。「やった！　ついに肉体を手に入れた！」という喜びにつつまれながら、「この世」にやってきた仲間なんだそうです。

魂には、ガイドがついています。
「どんな人生にしますか？」。そのガイドが声をかけてきます。
まるで旅行会社で「今回の旅行はどんなツアーにするか」と相談するように、一緒にライフプランを考える。

魂は「今回はこういうことを学びたいので、こういう出来事と、こういう出来事を、このタイミングで経験したい」とガイドに注文を出します。
親も自分で選びます。注文をし終えると、生まれ出ます。
そして生まれた瞬間、
あなたが考えたライフプランは完全に頭から消えているんだそうです。

人生の中で学ぶべきことを学ぶ。
経験すべきことを経験する。
そうやって課題を一つひとつクリアしながら、
旅をしていくわけですが、道のりの途中で、

「そっちじゃないぞ！」という方向に進むと、予感とかサインといった形で、魂はメッセージを受け取る。
そのメッセージに気づけなかったり、メッセージを無視して進もうとすれば、事故に遭ったり、病気になったりして、立ち止まり「自分が生きる意味ってなんだったっけ？」と思い出す機会が与えられる。
そういうものだと、私は信じています。

すると、
自分の目の前で起きる出来事に対して、なんでも肯定的な意味を与えることができるのです。
「なんでこんなひどいことが私に？」
と思うような出来事が起こったとしても
その出来事を、わざわざ自分自身で仕掛けたんだから、
「この出来事によって、私はなにを学ぼうとしてるのか」
と考えることができる。

いずれこの世を去って、肉体からぬけて、あの世へいくでしょう。
すると、そこには閻魔《えんま》大王が待っていて、「おまえは生前の行いが悪かったな！」と一喝されて、
舌を抜かれたり、煮えたぎった釜に放り込まれるのではなく、

やっぱりガイドが待っている。

ガイドはやさしい雰囲気で
「今回はなかなか難しかったですね」「ある意味合格点は超えたんじゃないですか」「本当によくがんばりました。次もがんばりましょう」
などと声をかけてくれるんだそうです。

私たちは奇跡の中の奇跡として、
現実を生きている。
そしていま、目の前で起こっている現実が、
「自分があらかじめ仕組んだもの」だとするならば…。
そこから一体どんなヒントを見つけられるんだろう。

不安なときは、「最悪な結果」を すべて書き出す。

イライラがすーっと消える

幽体離脱のはなし

out-of-body experience

いやだと感じたら、
いやだと感じさせるモノサシがある。

友人が、ある日突然「ぼくはよく幽体離脱するんです」と言いました。
「本当～？」私が疑ってかかると、
彼はこんな話をしてくれました。
「ぼく自身もこれは夢なのか、幽体離脱してるのか、はじめは疑っていたんです」

仲間数人と雑魚寝をしていたときに、彼はいつの間にか幽体離脱をしてしまった。
気づいたときには、寝ている自分、そしてみんなの姿を上から眺めていたと言います。すると隣で寝ていた友人がむくっと起きあがり、トイレに向かったので、なんとなく、そのあとをふら～っとついていった。
その友人はトイレを済ますと、台所に立ち寄り冷蔵庫を開けて、誰かのアイスコーヒーを取り出したかと思うと、飲み干し、また寝床に戻った。
翌朝になって、
「もしかして、アイスコーヒーを飲んだ？」
とたずねてみると、
無断でアイスコーヒーを飲んだ当人は、「え、なんで知ってるの？」と目を丸くしたそうです。
そんなやりとりがあって、
彼は「本当に幽体離脱していた」ということを確信しました。

私が冗談半分で、
「幽体離脱しても、のぞきにこないでね。透明人間になったのび太が、しずかちゃんのいるお風呂をのぞきにいくみたいに」って言うと、
その場にいるみんなが笑いましたが、
彼だけは真顔でこう言いました。
「大丈夫です。からだから抜け出すと、善悪の判断がなくなるんです」
つまり、起こった出来事は「ただ起きている」だけで、なにも感じない。
ただただ、眺めているだけなんだそうです。
魂というものは肉体の外に出ると、

良い悪いで物事を判断することなく
ただ事実を眺めて、受け入れるだけ。

その話を聞いて、私はこんな風に考えました。

魂は肉体に入ることによって制限を受ける。
そして、その制限は「判断」によってできているのではないかって。

私たちは物事を判断するさまざまなモノサシを持っています。
そのモノサシは、生まれてから今日までの間に、
さまざまなことを学習したり、体験したりすることによって、
つくりあげていったものです。

誰かに対して、
「あの人はどうしてあんなにいちいち細かいことを言うんだろう」
と嫌悪感を抱く人は、
「あの人はおおらかで、素敵な人だ。私はあの人みたいになれないが…」という逆サイドの存在（自分の限界を超えた存在）を、生み出すモノサシを持っています。
相手が持っている要素を、自分自身も持っているから、いや

だと感じるわけです。
その要素を持っていない人には認識することができません。

たとえばこんな具合です。

「あの人って、ああいうところが腹立たしいよね？」
「そう？　気にならないけど」
「マジで〜？　毎回カチンとくるんだけど」
「気にしすぎじゃない？」

この判断をしているモノサシを手放すことによって、
「許せない要素」に対する嫌悪感と同時に、「自分のすばらしさ」に対する限界点も手放すことができます。
では、どうすれば手放せるのでしょうか？
たとえば、こんな方法があります。
目を瞑《つむ》ります。
そして「いやだ」と判断をしたモノサシを想像の中で呼び出します（私の場合は竹製のモノサシが現れます）。
「いやだ」と判断する目盛りがあるということは、
反対に「いい」と判断する目盛りもあるということです。
そのモノサシを、サッと意識の中で消します。
消える様子を見届けたら、深呼吸をひとつします。

しばらくして嫌悪感が復活してきたら、またモノサシを呼び出して、サッと消します。
そのイメージをくり返していくことによって、
だんだんジャッジの世界から自分を解放していくんです。

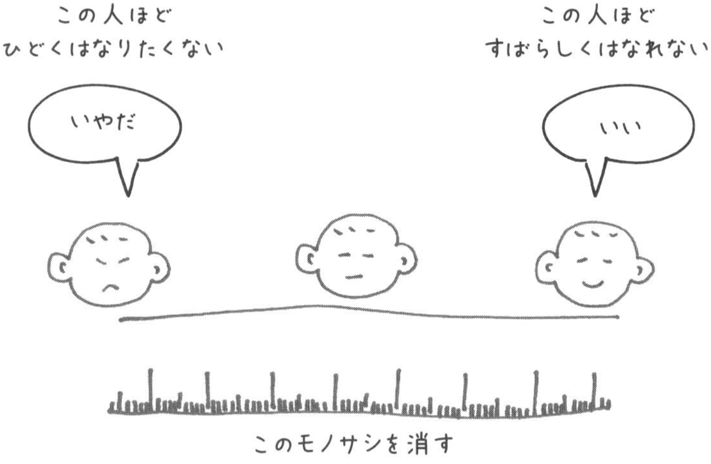
この人ほど
ひどくはなりたくない
この人ほど
すばらしくはなれない
いやだ
いい
このモノサシを消す

このやり方を知って以来、私はうまくいっています。
だから「いやな出来事」と出会うたびに、「やった、見つけた！」と喜んでモノサシを探しては、それを消して楽しんでいます。

「あの人の嫌いなところ」というのは、
その人自身ではなく、自分自身の価値観を投影しているものです。

その人の持っている要素が、自分の根っこにあるから、いやだと思う。

だから「あの人は嫌い」と思って、距離を置いたり、縁を切ったりしても、結局、手を替え品を替え、人生の中でまた出てくるんですよね。

「こんな人間関係の職場はいやだ！」と思って、思い切って転職したとしても、次の職場にいけば、はじめのうちは「やっぱり転職してよかった」と感じるかもしれないけれど、しばらくすると、また同じような人間関係ができあがってくる。
そんな経験をしたことはありませんか。

イライラしているときはまず、
「このイライラを感じ、判断しているモノサシは、実は自分が作り出しているもの」だと気づいてください。
そこに気づけるだけでも、現実は誰かに左右されるものではなく、自分で変えられるものになりますよ。

いやだと感じたら、そのモノサシを探す。

リアルに予知できる

タイムラインのはなし

timeline

からだを動かすと、イメージが倍増する。

鮮明に想像できればできるほど、物事は実現しやすくなる。
そんな話、聞いたことありますよね。

でもどうしたら鮮明に想像できるか、
そのやり方を教わったことはないはず。
たとえば突然、
「“嵐の中の猫”を想像してください」
と言われたとき、どれだけリアルに想像できますか。
はじめは、アニメ的にのっぺりとした平面で見えてるかもしれない。でもイメージに、「時間」という要素を加えるとリアルに思い描きやすくなります。
雨がふる前。乾いている猫の毛色はどうか？
雨が降りはじめる。濡れはじめた猫の手触りや体温はどうか？
横殴りの雨になってきた。そのとき猫はどこに避難するか。

雨はやみそうにない。軒下に隠れた猫は、どんな表情をしているか？
同じようにして、時間経過の中でどんな風に移り変わっていくか、紙の上とかパソコンの画面上ではなく、実現したいことのイメージをリアルにする方法が「タイムライン」です。

実際にやってみましょう。
まず、部屋を見渡して、ゴールの位置を決めてください。
そしていま自分が立っている場所と、そのゴールが一本の線でつながれているとイメージします。
ゴールまでの距離を１年間として、真ん中にあたる場所が半年後です。

スタート地点に立って、呼吸を整えて、目を閉じる。
未来は目の前に、過去は振り返った方向にあるとイメージします。
それからいまの自分にとって、「なにが、どうなればいいか？」ひとつのゴールを決めます。
いま向き合っているプロジェクトでもいいし、1年後になしとげたい目標でもいいです。

そこから一歩、前に足を踏み出してみます。
そこで頭の中に浮上してきたこと、感じていることなどを声に出してみます。
録音しておいてもいいし、だれかにメモしてもらってもいいです。

かんたんな例として、1年後のゴールを「長い旅に出る」としてみましょう。

一歩、踏み出してみる。
1年後に旅に出ると思うと、少しずつワクワクしてくる。
まずは行きたい国に関する本を買おう。→メモ
いくらお金がかかるのか、洗い出そう。→メモ
そして貯金計画を立てよう。→メモ

ちょっと歩いてみる。
なにか調子が変わってくるぞと予感する。「本当にちゃんと休みが取れるのか」という不安が浮上してくる。
この時期に仕事の計画を綿密に立てて（→メモ）、
このような精神状態にならないように対処が必要だとわかる。

さらに、ちょっと歩いてみる。
旅のルートについて、いろいろ悩みはじめる段階かもしれない。
旅に慣れている友だちとコンタクトをとって、いろいろ教えてもらおう。→メモ

さらに、ちょっと歩いてみる。
早めに準備をはじめたので、中だるみが起きているかも。
自由になる時間も増えてくるから、この時期に切符を手に入れて、旅行計画も決定してしまおう。→メモ

さらに、ちょっと歩いてみる。
「旅に出られていいよねー」って、この段階で同僚が思いはじめるかもしれない。
その前にフォローしておかないと。→メモ

といった感じで、タイムラインを歩いて疑似体験してみると、どんどんイメージが勝手に飛び込んできて面白いんです。

ときどきゴールにいたるまでの障害が思い浮かんで、苦しくて前に進めないときもありますが、そんなときは、一歩ずつ（過去である）後ろに下がってみて、その時期に対処できることがないか、考えてみます。うまくいけば、事前に障害を消せることになるんです。

人生は本番の連続です。でも、タイムライン上では何度も時間を行き来し、リハーサルをすることができます。
しかも、やるべきことがあきらかになるだけではなく、
「ん？　なんか心に引っかかってるな」「ワクワクしてくるな」
と経験するであろう、感情までを先取りすることができます。
私はこれを「感情のカンニング」って呼んでます（笑）。

人間の想像力は無限です。
ほんのちょっとした工夫を加えるだけで、
本当にそうなんだよなあ、と心から実感できます。

予定を立てるときは、歩いてみる。

1の力で100を動かす

運勢のはなし

fortune

人気のところにいくと、運を分けてもらえる。

物事をはじめるときは、
「できるか？　できないか？」で判断せず、
「それができるようになりたいか？　なりたくないか？」で判断するほうがいい。
とよく言われます。

それは
「できるか？　できないか？」
で考えたとき、
自分ひとりの力で
できることはとても少ないからです。

だから世の中の社長さんたちは、
ふつうの会社員の人たちよりも、よく七福神を飾った熊手とか、破魔矢《はまや》とか、いろんな縁起物を買うもの。パワースポットめぐりが好きな人も多い。
それは「社長になったから、縁起をかつぐようになった」
ということではなく、大きなビジネスを動かしていこう、大きな流れに乗ろうという意識を持った人たちは、自分の力を超えたもの、つまり「運の力」がなければ成功しないということを、身を持って知っているからだと思うんです。
それもくじ引きみたいに「当たった！　外れた！」という一回こっきりの“運”ではありません。
必要なのは、陰ながら支えてくれて、自分のことを押し上げてくれる大勢の気持ち。
そういう“運”のことを、私は「おかげ運」と呼んでいます。

“運”というものは天下の回り物です。
うまくいってる人、運気がある人のことを、賞賛すればするほど、自分のところに回ってくる順番が早くなってきます。

反対にうまくいってる人、運気がある人のことを、
いいよなー
くやしいなーって
ねたんだりひがんだりしていると、
自分のところにやってくる順番が遅くなります。

知らず知らずに嫉妬していて、気づかずに運を落としていることもあるので要注意（「無意識の嫉妬」って呼んでます）。運がめぐってきている人をねたむと、運はあなたに嫌われたと思うのです。

それから、やることなすこと全部はずれ、みたいな、
“運”にまったくめぐまれないときもある。
そんなときでも、落ち込んじゃって「もういいや！」と投げやりになってしまうと、いつか“運”がめぐってきたときに準備不足ということになり、そのまま“運”が過ぎ去ってしまうことがあります。
“運”がないときも、かならず自分にも“運”がやってくるということを信じて、やるべきことをやって、まわりの人たちと丁寧なお付き合いを続けていく。
それをコツコツできる人が、
あとあと大きなチャンスをものにします。
最悪のときも、最高のときも短いもの。結局、良くも悪くもない「ふつうのとき」が一番長い。だからこそ、ふつうのときの過ごし方がとても大事なんですね。

また運は「自分はついている」と思っている人のところに早く回ってきやすい。

これはよく言われることです。
でも、ひどいことが起きたとき、これからますます状況が悪くなるんじゃないかって、不安を感じるときもあるでしょう。

そんなとき私はこうやって、悪い連想から抜けることにしています。

まず一回、ぴゅって未来に抜けて、
今、立たされている状況を未来から振り返ってみる。

「…ということも、あったよね」って。

このことすら、いつかそういう思い出に変わっていくんだよねって。

不安な心の状態は、世の中を映し出す鏡を歪めてしまいます。
波打つ鏡を見ていると、すべての現実が歪んで映ります。

だからまずは未来の視点から、今を見ることによって、心の平安を先につかんでおくんです。

それで、また今に戻ってきて、生活を再スタートさせる。

するとやっぱり、
「こんな大変なことが起きて、もうお先真っ暗！」
って叫びたくなるようなとんでもないピンチも、ちゃ〜んとすぐ「過去のこと」になってくれるんですよね。
大好きだった人との別れの後の、「あーかなしい、あーかなしい」という感情も過ぎ去ります。
時間がたてば、そのことすら思い出に変わってしまう。「やっぱりあなたとよりをもどしたい」と言われても、「え、もう気持ちがきりかわったから、困るんだけど」なんて思ったりするじゃないですか。
そんな経験を、何度も何度もしていると、「乗り越えられない壁はない」「かならず自分にも運がやってくる！」って素直に信じられるようになり、幸運を迎えやすい体質になります。

誰かにいいことがあったら、「おめでとう！」の気持ちを伝える。

バランスをととのえる

ツボのはなし

acupuncture point

手と耳には、からだ中のツボが集まっている。

高校生の頃、部活でケガをした私はある鍼灸院を訪れました。そこの先生は本当に不思議な方で、真っ白な顔をほとんど動かさず、音もなく静かに歩くたたずまいは、まるで祈祷師のようでした。
その先生が、私の手首に手を添えて脈診を行い、O－リングを使って悪いところを調べた後、経絡《けいらく》に沿って鍼を打つと、面白いように痛みがとれました。
それだけではありません。
私は陸上部だったのですが、先生に施術をしてもらった翌日は、記録がぐんと伸びたのです。
そのとき私はよく「人間には不思議なスイッチがたくさんあるんだな～」と感動していたものです。

陸上部の部員にとって、ツボ押しやマッサージは、部活動の一部です。

おかげで、どこをどう揉むといいのか、どこにツボがあるのか、知らないうちに覚えてしまいました。

たとえば、腰が重く感じている人っていますよね。
腰が重く感じられるのは、たいてい腰の筋肉が緊張しているときです。
そこを楽にするためには、腰を直接揉むよりも、太ももの裏にある「ハムストリングス筋」や、ふくらはぎや、ひざの裏にある「委中」を伸ばしたり、押したりして、ゆるめてあげるといいようです。

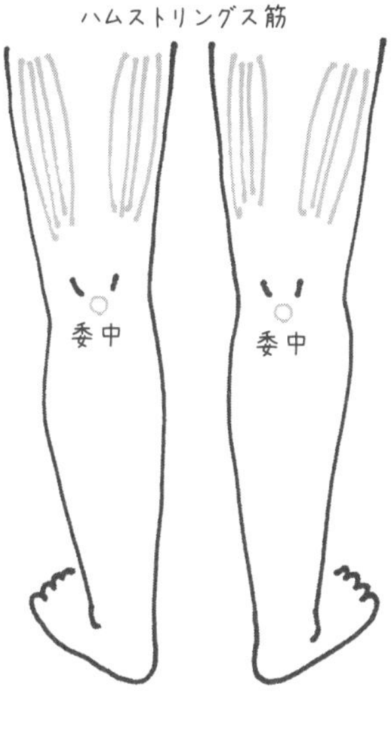

同じように首は、足と連動しているので、首が凝っているときは、足首を回したり、くるぶしを撫でたり、足首より下の部分を揉みほぐすといいそうです。

それから手には、からだ全体のツボが集まっています。
手の甲の方からみて、中指の先っちょが「頭」だとしたら薬指の先っちょが「左手」、ひとさし指の先っちょが「右手」、小指の先っちょが「左足」、親指の先っちょが「右足」、反対の手のひらは、内臓と連動しています。

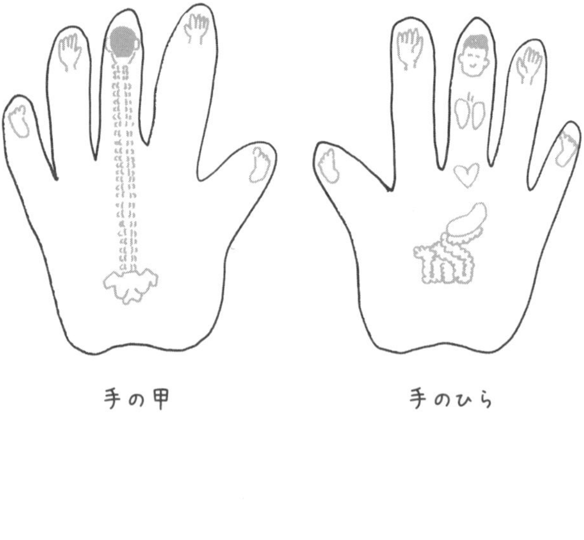

適当にいろんなところを親指で押したり、さすったりしてみると、「あ、ここ、このスジ張ってるなー」「イタタタタタ」と感じるところがあります。
そこをよーく揉んで、ゆるめてあげると、からだの調子がよくなったような気がします。

それから、首のうしろ、頭蓋骨の切れ目のところを触ってみて。ここはふだん、閉じちゃっているはずです。
それが、人にマッサージをしてもらった直後だとわかりやすいんですが、リラックス状態になっていると、しっかりと開いて、くぼみができているんですよね。

頭を酷使したり、緊張したりすると、また閉じてしまいます。
でもまた開けば、楽になります。
親指の腹をつかって、頭蓋骨を上に、上に、くいっくいっと押し上げればいいんです。
これは自分でやっても、すぐに開くから、ぜひやってみてください。

耳にもたくさんのツボがあります。

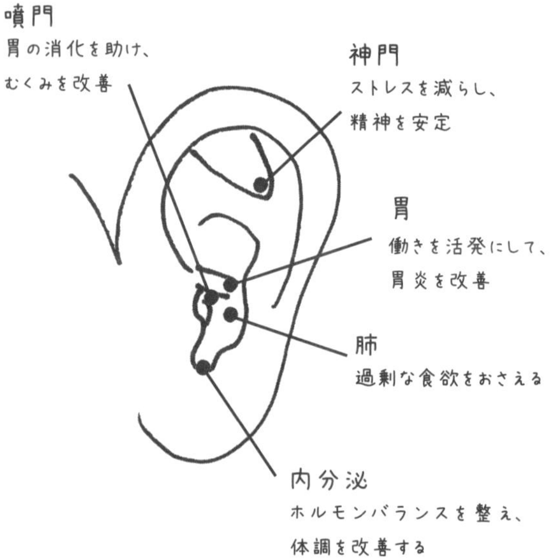

耳ツボ専門家の飯島敬一先生によると、このうち特に「神門」っていうツボが重要みたいです。
ここをピッピッピと指でつまんで刺激するだけで、まるでスイッチが入ったように、自律神経のバランスがととのう。血流もよくなる。目尻や頬のラインもきゅっと上がる。
からだの調子、こころの調子だけではなく、なんと魂の調子まで良くなるんですって。
私はしょっちゅう刺激してるから、耳の先っちょが赤くなってるくらいです（笑）。

神門ゾーン
（場所は耳の上部、Y字型の軟骨のくぼみ）

① 神門に人差し指の先を当てる。
このとき人差し指の腹がY字型の軟骨のくぼみに、はまるようにする。

② 親指の腹で耳のうらからはさむ。

③ 神門をこするように、少し強めに3回、外側にむけて引っ張る。

つまむ

引っ張る

ちょっと疲れたときなんかにやると、いきなり目がよく見えたりします。
あと感覚的な話なんですが、「いま脳波が整った」という感じもします。
実際、脳科学者が測定した結果でも、神門を刺激することによって、瞬間的にα波が出て、しかもその数値が7、8ヘルツという、α波の中でもとくにスローα波と言われる、リラックスしていて、しかも集中力が一番出る状態になったんですって！

自分の心が「今ずれているな」と感じているときあるじゃないですか？
そんなときに、「今、整った」って、認識し直すことって大事ですよね。

「なんか違うな」と思ったら、
耳を引っ張ってみる。

一瞬で自分を変える

パラレルワールドのはなし

parallelworld

目の前の小さなことには神様が宿っている。

目の前にやらなければいけないことがある。
この現実に向き合ってる自分は“ふたり”いる。
やる気が出ない自分と、
やるべきことに没頭している自分。
別々の自分が、実は並行した世界で同時に存在している。

その事実にぼんやり気づいたのは、私がまだ小学生の頃、
弟と妹、3人でテレビを観ていたときのことです。
ちゃぶ台の上には宿題が置きっぱなし。
当時、大流行していたザ・ドリフターズのコントがあまりにも面白くて、ぜんぜん手をつけられませんでした。
「はやく宿題をやらなきゃまずい。でも、面白いからもうちょっとだけ…」
といって、このままテレビを観続けていたら、
宿題をやらないまま、寝る時間がきてしまう。

さすがにそれはまずいと、コマーシャルに入ったとたん、「じゃ、コマーシャルの間だけね」と自分に言い聞かせ、思い切って宿題に手をつけてみました。

すると、なんということでしょう。
「こっちも楽しいんだけど！」
宿題をちょっとはじめたとたん、そこから先はすばらしい「宿題ワールド」が広がっていました。
問題を読むことが楽しい。解くたびにワクワクする。
そして問題をひとつ解くたびに、その続きが気になっている。
そんなはずはない、おかしいな、と思い、コマーシャルが終わって、ふとテレビに視点を戻してみたら、あらら不思議！

今度はテレビの方が、色褪せて見えている。
「なんだこれ？」と思って、テレビの電源を切ってみると当然、一緒に観ていた妹と弟が怒り出します。
「なにするの！」
「ちょっと宿題やってごらん」
「えー、テレビ観たい」
「いいからちょっと宿題やってみて。おもしろいことに気づくから」
そんな風にして、しぶしぶ宿題をはじめさせられた弟と妹も、

1分と経たず宿題に没頭しはじめることになります。

このように、

この世はひとつしかないように見えて、

実は複数の異なる世界が平行して存在しているんですね。

ちょっと意識をずらしてみるだけで、そこはまるで別世界なんです。

たとえば「寝起き」は、まさにパラレルワールド。

「眠い。まだ寝てたい」って強く思う。

でも本当に「眠い」んでしょうか。

もしかすると、眠いんではなく、眠りながら体験している現実の「続きを見たい」「まだここにいたい」と思っているだけなのかもしれません。
寝てる間に進行している“夢の中の現実”がある。その一方、目覚めてからはじまる“こちら側の現実”もあります。
ただチャンネルを切り替えたくないだけ。
思い切ってぽんとチャンネルを変えれば、またちゃんと新しい現実に没頭していくんです。

じゃあどうすれば、チャンネルを切り替えられるのか。
私はずっと考えてきました。
「自分には根性が足りないのかも？」
と悩んだこともあります。
でも根性を出せば出そうとするほど、たいてい反対の効果を生みます。
宿題をやらなきゃと焦るほど、テレビが気になるのと同じです。
自分の気分を無視して、無理にやろうとすればするほど、やる気がなくなるんですね。
大事なのは「自分をいかにその気にさせられるか」だと気づきました。

その気にさせる一番簡単な方法が、
<目の前の小さなことを、丁寧すぎるくらい丁寧にはじめてみる>
ことなんです。

私の場合、たとえば部屋の中を暗くして、静かな音楽をかけて、夜の雰囲気をつくり、その中でパソコンを開いてみる。
そして「まるで文学作品のように仕上げてみよう」と思って、一通のメールを書きはじめてみる。
もしくは、デスクの上を「祭壇」に見立ててみることもあります。
置いてあるもの一つひとつを、丁寧に配置し直したり、磨いたりしてみる。
そうすると、少しずつ「やれそう」という気持ちになっていきます。

はじめようと思っていたのに、やる直前になったとたん、急に面倒くさくなるときもあります。
そんなときは子どもをあやすようにして、自分自身をなだめる感じがいい。
ほんのちょっとだけ、ゆっくりでいいからやってみようよ〜。
いまいち気分が乗らなかったら、すぐやめればいいから。

そうそう、ちょっとずつ、丁寧に、ゆっくりと。
そんな風に自分自身を優しく誘導して、ちょこちょこやらせてみると、そのうち「のってきましたよー、やる気になってきましたよー」っていうモードに変わっていくものです。

私の役目はタグボートみたいなもので、「没頭する自分」という母船を、ドックからちょっとずつ引っ張り出せばいいと思っています。
そうすれば、いつの間にか母船自体のエンジンが音を立て、トントントントンと進みだす。
あとは逆に止めようと思っても、なかなか止まらないわけです。

「外の世界も楽しいよ～」って自分自身を誘ってあげる。
「本当かな～?」ってしぶしぶやってみる。
そこから、もうすでに新しい物語がはじまっているんですよね。

手間なこと、些細なことを丁寧にやりつづけること。
目の前の小さなことを、一つひとつやっていくと、いつかすごいことになります。
足し算そのものがすごいわけじゃない。

足し算を続けていくと、いつか突然、掛け算にかわっていくからすごいんです。
地道な努力を続けられる人というのは、その法則が存在することをよくわかっているんですよね。

やりたくない仕事は
「すぐやめてもいいからね」と自分に
やさしく語りかけてから、はじめる。

「体にいいものを求める」自分に変わる

体質改善のはなし

condition

食べるものをあたらしくすれば、
あたらしい自分になる。

体質が変わっていけば、物事をとらえる軸が変わっていくので、人生そのものが変わっていく。

ですが「体質を改善しましょう」と言われても、
一体なにをすればいいのか、どこから手をつけたらいいのか
わかりにくいものです。

「難しい」
そう感じたときは、
「複雑だ」という言葉に置き換えてみましょう。
「複雑なこと」は分解することによって、一つひとつ「自分のできる範囲のこと」の集合体になります。

※たとえば
象をまるごと食べ切るためには、どうすればいいか。
→答え。「ひと口ずつ食べる」。だそうです。

体質は、そもそも「からだ」の「しつ」なのですから、「からだをつくっているもの」の「しつ」を「あらためて」「よく」すれば、体質はちゃんと改善されていくのです。

では、からだをつくっているものとはなんでしょう。

それは
吸っている「空気」
飲んでいる「お水」
食べている「食べ物」
この３つです。

この３つの質を上げることによって、体質が変わる。

まず「空気」です。
外の空気とくらべると、部屋の中の空気は10倍汚れていると言われます。
壁から出ている化学成分は、倦怠感、めまい、頭痛、湿疹などを引き起こす原因になっているようですし、朝方になるとゴホゴホしがちな人は、チリやホコリ、ペットや人のフケ、カビやダニの死骸やフン（ハウスダスト）が、部屋の中で舞い上がり、それがゆっくりと降下して、寝ている人の口元を通過する時間帯だからだそうです。
こう考えてみてはどうでしょう。
「空気は人生で一番多く食べる食べ物である」
空気がきれいな土地で暮らすことができるなら、もちろんそれが一番です。
でもそれが難しいのであれば、こまめにそうじをすること。
床がカーペットの場合は、とくにゆっくりとていねいに掃除機をかけたり。シーツやふとんカバーなど、洗えるものはこまめに洗ったりしましょう。
それから性能のいい、信頼できる空気清浄機を使う。
部屋にある目に見えない汚れを取り除くだけで、気持ちが上向きになったり、睡眠の質が高まったりする人も多いはずですよ。

つぎに「お水」ですが、ミネラルウオーターだからって絶対安全だとは限りません。国が定めている安全基準は、むしろ水道水の方が厳しいそうです。
ただ日本の水道水は水源からの長い、長い旅をして家庭までやってきます。その水道管はどうなんでしょうか？　マンションだったら貯水タンクも通ります。貯水タンクの清掃がずさんで、不衛生だということもありえます。
水についてはいろんな考え方がありますが、ただ間違いなく日常的に、大量に、私たちの体内に入るものです。
せめて自分の家にいるときくらい、ちゃんと信頼できる飲料水か浄水器を通ったお水を口にしたいものですよね。
古くより水には霊力があって、身や心を清めるものだとされています。いい水が、いい運気をもたらすのかもしれませんね。

そして「食べ物」。
今は飽食の時代、お金さえあれば好きな食べ物をいくらでも食べられるようになりましたが、いまだ「飢餓」の方に対応している私たちのからだにとっては、豊かすぎる食べ物がむしろ害になっています。
なにも考えずに食べていると、6大栄養素「炭水化物」「脂質」「ビタミン」「ミネラル」「たんぱく質」「食物繊維」のバランスがどんどん悪くなるんですね。
このバランスの悪さが「主な死因」になっているほどです（「食原病」と呼ばれています）。

摂り過ぎなのは、「炭水化物」と「脂質」。
「炭水化物」は一気に糖化して、血糖値を上げて、その血糖値を下げるためにインシュリンが分泌されますが、血糖値が急激に上がっては下がり、上がっては下がりをくり返すことによって、この仕組みが壊れます。これを糖尿病というんですね。
「脂質」は摂り過ぎも問題ですが、酸化した油はさらにからだを壊すので酸化しにくいオレイン酸をたくさん含んだ油を使うのがおすすめです。

足りないのは「ビタミン」「ミネラル」「たんぱく質」「食物繊維」です。
有機栽培でつくられた、エネルギッシュな野菜を毎日食べられたらいいのですが、スーパーで売られる元気のない野菜を食べるだけなら、「ビタミン」や「ミネラル」は、サプリメントで補ってほしいです。

「たんぱく質」がなぜ重要かといえば、
からだのほとんどがたんぱく質でできているからです。
不足すると、からだが“死に近づいている”と判断して、生命維持に近いところからたんぱく質を使いはじめるんです。
だから命から遠い、髪の毛とか肌とか、つめなどは後回しになっちゃうんですね(これは「命の順番」と呼ばれています)。

そして「食物繊維」。
「食物繊維」をしっかり摂っておくと、炭水化物の糖化速度を遅らせることができます。
だから「野菜を先に食べるか、食物繊維のサプリを摂ってから、食事をはじめる」という習慣を持ってほしいんです。
からだにいい食べ方っていうのは、小学校の給食の時間に習った、ごはん、おつゆ、おかずを少しずつバランスよく食べる「三角食べ」ではありません。
まずはサラダなどを食べて、少しずつ少しずつ、お肉や魚、大豆などの副菜を食べて、一番最後に、ごはんでしめる。この「懐石料理食べ」がいいのです。
鍋料理もそう。野菜からはじまって、お肉や魚、最後に雑炊でしめるっていうのは、からだにとっては理にかなっているんですね。

ちなみにお酒だったら、日本酒やビール、ワインなどよりも、焼酎やウイスキーなどの「割って呑めるお酒」の方が糖化しにくいと言われています。

糖化した炭水化物は、からだのなかに潜んで、たんぱく質とひっついて、劣化たんぱく質というものになります。
その劣化たんぱく質がおそろしくて…。
肌をクスませたり、血管を老化させたり、アルツハイマーの原因になるとも言われています。

さらに、からだの中でたんぱく質が不足すると、再利用された劣化たんぱく質がからだを酸化させてしまうんです。

これが血管をどんどんサビつかせていって、最終的には血管の爆発、つまり脳卒中、心筋梗塞の原因にもなるんですよ。こわいですね〜。

できること！

- 元気いっぱいの野菜を食べるか、ビタミンとミネラルのサプリを摂る。
- 魚や肉などたんぱく質の多い食品をなるべく食べるようにする。
- ごはん、めん、パン、あぶらものを食べ過ぎないようにする。
- 食事の前に、野菜を食べるか、食物繊維のサプリを摂る。

本来は私たちも、バランスのいい食事を、腹八分目に食べるだけで、こころから満足できていたはずなんです。
(ちなみに“腹八分目”とは「今食べた量を、もう一度食べられるあたり」これが本当の意味らしい)
だけど、なんでもかんでも「過剰に手に入る」時代が続いてしまったために、生きるための「感覚」が鈍ってきているんでしょうね。

自分にとって本当に必要なものを、本当に必要なだけ手に入れる。
そうやって意識しながら生きていたら、その「感覚」もだんだん復活してくるはずです。

ダイエットとは、「減らすこと」ではなく「ととのえること」(栄養士さんを英語では「ダイエッティシャン」と言います)。無理したり、我慢したりしないで、からだを少しずつととのえていけば、自分のことがもっと好きになりますよ。

まずは食物繊維から食べる。

思いもよらない幸運を手に入れる

共《きょう》時《じ》性《せい》のはなし

synchronicity

「偶然」というヒントに目をこらす。

人間の脳って、とってもよくできています。
情報があふれてパンクしてしまわないように、
自分にとっていらない情報は捨てて、重要な情報だけを届けてくれる。
だから「自分にとって重要なもの」が変わると、
目に飛び込んでくる情報も必然と変わります。
たとえば、自分が妊婦さんになったら、街のいたるところで妊婦さんを見かけるようになる。
あの車欲しいなーと思いはじめるとその車がいたるところで走りはじめるし、恋人の好きなミュージシャンの曲は、たまたま入ったお店でよく流れているはず。
もちろん、どれもこれも、すでにそこに存在していたものなんだけど、意識しはじめたものだけが、ちゃんと現実として浮かび上がってくるようになっているんですね。

だから反対に考えてみると、
「またこんな話がきている」
「またこの商品が目に飛び込んできた」
「またそのキーワードを耳にした」なんていうときは、
脳がそういう風に見せてくれているわけだから、脳はそれを重要だと判断しているというわけです。
身の回りにそんなサインがないか、よーく注意してみてみましょう。

「意味ある偶然の一致」っていうのかな。
それを「共時性《きょうじせい》（シンクロニシティ）」って呼ぶんですが、ほとんどの人はこの共時性を「ただの偶然だ」と流してしまうんですよね。
でも何度もくり返し、目にするもの、耳にするものは、
「そこになにか意味があるのかも？」「何かのヒントかもしれないぞ！」と思って、
素直な気持ちでためしてみるのがおすすめ。
(ちなみに私は「神様のお誘い？」って思うようにしてます)

そうすると、いままで想像すらできなかったようなチャンスや、問題解決の糸口と出会えたりする。
また、そのときはいまいちピンとこなかったとしても、
だいぶ後になって「ああ！　あのときの偶然はこういう意味だったんだ！」
って気づかされるときもあります。
人生は一本の映画みたいなもので、今は一体どれが、なんの伏線になっているのか、主人公である自分にはわからないものなんです。

ただしなんでもかんでもいい方向に導かれているわけではありません。
「自分がふだん、どういうアンテナを立てているか」が大事。
「私は最近ついてない～」という思い込みを持っていたら、「ついてない」偶然をどんどん集めてしまいますからね。不運が続きます。
できれば毎朝、ひとりの時間を作って、公園や静かなカフェに行って、
「自分はこれからどうなっていけばいい？」とか「制限がなければ、どうしたい？」とか、
ハッピーエンドにつながるような自問自答をしてほしいです。
質問をするだけでも、脳は答えを探そうとしてくれるし、その答えのヒントを、街のいたるところで見せてくれるはずだから。
あとは素直にサインをたどっていけば、ハッピーエンド間違いなし！

二度見たもの、
二度聞いたものをメモする。

自分の波がわかる

人生の四季のはなし

seasons

季節感のある判断をする。

「いま波がきてるぞ～！」ってノリノリの時期もあれば、「なかなかスランプから抜けられない…」って凹んでいる時期もある。
まさに人生、山あり！　谷あり！
「いいときもあれば、悪いときもある」っていうのは全人類に共通しているはず。

でもね、不思議に思うんです。
悪いことが長く続くと、「さすがにそろそろ悪い時期も終わりそうだな？」って予感するときないですか？
反対に、あんまり調子のいいことが起こりすぎると、「いい加減にしておかないと、そろそろ足をすくわれるぞ」っていう心の声が聞こえてきませんか。

なんでだろう。

でもたぶん、どんな人でも仕事とか、恋愛とか、勝負事とか、そういうものについて、なんか目に見えない「波」っていうものを、感じたことがあるんじゃないでしょうか？

この「波」っていったいなんなんでしょう。
ずーっと疑問に思っていたら、答えを出してくれた人がいました。
それが、ビジネスコンサルタントの神田昌典さんと、アストロロジャーの來夢さん。
ふたりはお互いのまったく違う分野の知恵と知識を組み合わせて、「春夏秋冬理論」っていうすごいものを作り上げたんです。

神田さんによれば、「人生の波」っていうのは、会社でいうところの「成長カーブ」のようなものらしい。
そのビジネスがいつから儲かりはじめるのか、いつから儲からなくなるのか、という波にも一定の法則があるように、人生の状況もきっちり「３年周期」で変わるんだそうです。

占いって言っちゃってもいいけど、当たるとか当たらないという話じゃなくて、まさに「予測が立てられる」という感じなんですよね。

春夏秋冬理論によれば、人生は12年を1サイクルとして、「春」「夏」「秋」「冬」それぞれ3年ずつの時期に区切られています。

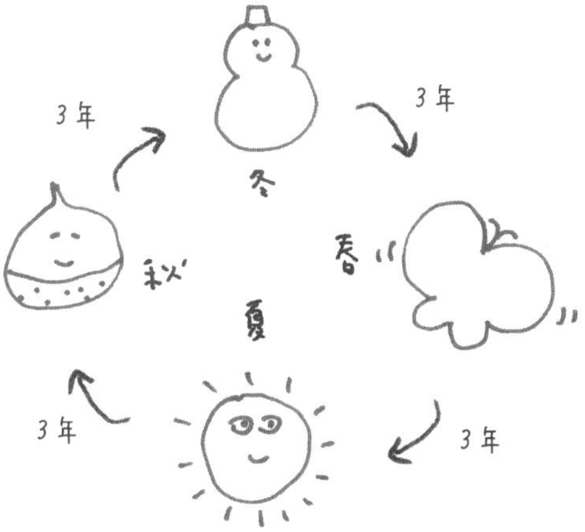

冬からはじまって、秋に終わるイメージで。
冬の3年間は種まき。いろんな発想がわいてくるとき。
春の3年間は芽生え。出会いの機会が増えるとき。
夏の3年間は成長。エネルギーにあふれるとき。
秋の3年間は収穫。9年間のおこないが精算されるとき。

私たちは、この12年間のサイクルをくり返しながら生きている。

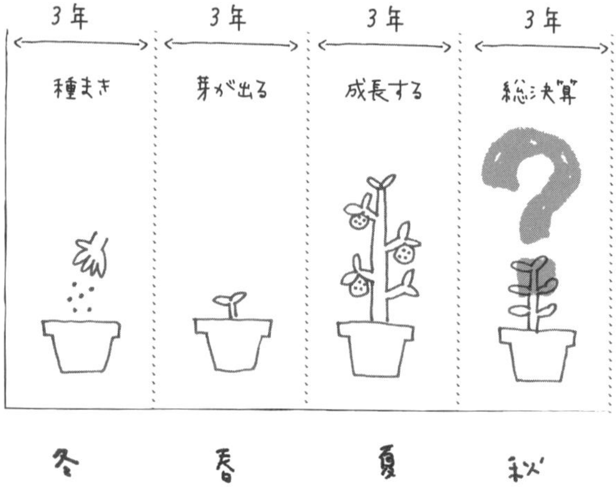

ちょっとだけ、過去何年間かの出来事を思い出してみてください。
あなたはいまどの季節を生きていますか？

冬（種まき）3年間の特徴

・いろんな発想がわいてきた。

・あれこれ試したけど、失敗も多かった。

・おだやかな気分を味わっていた。

春（芽生え）3年間の特徴

・やってきたことの芽が出はじめた。

・出会いの機会が増えた。

・これから進む方向が、なんとなく見えた。

夏（成長）3年間の特徴

・とにかく勢いがあって調子がよかった。

・仕事も恋も人間関係も順調すぎた。

・強引で傲慢な気分になりがちだった。

秋（収穫）3年間の特徴

・人生の大きな転機があった。

・予測しないことが起こった。

・頼まれごとが多かった。

どうでした？
自分の身に起こった大きな出来事を、だいたい12年前までさかのぼってみると、自分の「四季のリズム」が見えてきますよ。
そうしたら、いままでバラバラに見えていた過去の体験とか出来事とかが、ひとつのストーリーとしてとらえられるようになって、この先の未来はどうもこういう展開になりそうだな〜、っていう予想がつくようになってくる。
そこまできたら、あとは簡単。
季節ごとにやるべき課題をこなせば、「波に乗れる」っていうわけなんです。

人生の「冬」にはどうすればいい？

冬の３年間は試行錯誤をしたり、基礎をかためるとき。
土を耕して、種をまく。種はひとつではなく、たくさんまいた方がいい。まけばまくほどいい。
結果は急がなくていいから、自分のやりたいことやアイデアの実現にむけて、小さなアクションを起こしまくれっていうことですよね。
忙しくなる春にむけて、体力をつけておくことも大事なんですって。

人生の「春」にはどうすればいい？

春は芽が出て、少しずつ成長していくとき。
まいた種のどれかが形になって、面白くなる可能性が出てくるとき。
積極的にいろんなところへ出かけていこう。見たことがないものを見よう。やったことがないことをやってみよう。
友だちにやりたいことを話すのもいい。反対意見が出たり、新しい問題に気づくときもあるかもしれないけど、それは糧になると思って乗り越える。なんにもしないのがまずいのです！

人生の「夏」にはどうすればいい？

夏は成長のエネルギーを止められないとき。
あらゆることが勢いづいて、もう止まらないって感じで勝手に進んでいきます。
限界に挑戦できるから、なんでも思い切ってやっちゃえ！
ちょっとくらい道を踏み外すかもしれませんが、そのすばらしさ、馬鹿馬鹿しさを両方知っておくことで人間の幅が広がります。
ただこの時期は、自分の力をやたらと過信しがちだから、友だちの忠告を無視したり、家族をないがしろにしないように。ばんばんうまくいくからって、深追いしすぎると、秋になったときに流れが変わりますよ。

人生の「秋」にはどうすればいい？

秋は実りを受け取る収穫のとき。
冬、春、夏の９年間のおこないが、いいことも、悪いことも、ぜーんぶ「総決算」という形で一気にやってきちゃう。六星占術では「大殺界」って言われるタイミングですよね。
収穫の時期だから、稲穂がたわわに実っていたとしても、がっくり倒れていたとしても、もういまさら水をあげたってどうにもならない。
あわててもがいてもどうにもならない。
９年間、きちんとやっていたことについては、実りのある３年間になり、手を抜いてきたことについては、厳しい３年間になる。エネルギーが下がるので、無理をしない方がいいらしいです。病気や事故にあったら、それも流れに乗っている証拠。休みなさいという警告を潜在意識が出しているんですって。

秋がくるのが怖い！
はやく夏がきてほしい！
って思う人もいるかもしれませんが、春夏秋冬に「いい季節」「悪い季節」なんてないんです。
春、夏、秋、冬って「はじまり」を４回も経験できる。そのおかげで、それぞれの季節の良さを確認できるのですから。

暑くなる前に夏物の服を準備して、寒くなる前に冬物の服を準備する。
それと同じようなことで、次の季節がやってくる前に、そのための準備ができていれば、快適に過ごしやすいよねっていうことです。

もしも人生がトーナメント戦のようなものだったら、次の試合に勝つためにひたすら全力を出せばいい。
でも、実際はリーグ戦みたいなもの。
１回、ボロ勝ちすればいいわけじゃなくて、アベレージで勝っていかないとダメなわけですよね。

だからがんばることも大切だと思うけど、自分の流れを正しく知って、上手に力を抜いたり、準備をしたりすることも大切だと思います。

おかしいな？ と感じたら
いまの季節を確かめる。

脳が目を覚ます

治癒力のはなし

curative power

そこに「不都合」があれば、
それはなにかとバランスをとっている。

この魂は今生、この肉体に宿ったわけだから、
この肉体のちいさな声に耳をかたむけて、
いい会話をかさねて、いいお付き合いをしていきたい。
そう思っています。

でも肉体について知れば知るほど、
からだって不思議なことがいっぱいだなーと思います。

たとえば筋肉痛の治し方、知ってます？
これは数々の有名スポーツ選手を施術した経験を持つ寺川一秀先生から教わった方法なんですが、筋肉痛になったら、皮膚を筋肉からはがせばいいんです。
筋肉痛を感じる場所の皮膚をつかんで、ぐっと引っ張る。
つまり、
肩が凝ったら、肩の皮膚を引っ張る。

ふとももが痛かったら、ふとももの皮膚を引っ張ればいいんです。
すると一瞬で痛みは消えます。
本当？
本当です。

もうちょっと詳しく言いますよ。
筋肉痛になっている箇所の皮膚を、
つまみやすいようにゆるめた上で、
皮膚は左右からではなく、上下（前後）からきゅっとつまみます。
筋肉の繊維の方向に対して、直角の方向でつまむんです。
それで皮膚をぐーっと引っ張ってあげると、痛みが取れます。
嘘みたいに。
頭痛のときも、同じ。
頭皮を、髪の毛を持って、ぐーっと引っ張ってあげると治ります。
なぜかというと、筋肉痛というのは、基本的に皮膚と筋肉が「ひっついている」から痛いんです。
だから引っ張ってはがしてあげれば、自然と痛みが取れるというわけです。
ぜひためしてみて。

皮膚を上下からつまんで引っ張る

髪をぐーっと引っ張る

この方法、学生のときに知っていたらな〜って悔やまれます。

こんなこともありました。

私はあるとき、陸上の大会に出ることになったんです。
でも急に練習をはじめたせいか、「イテテテテ！」とふくらはぎに激痛が走って、動けなくなってしまったんです。
医務室に運ばれて「肉離れですね。しばらく安静にしてください。時間がかかりますよ」と言われて、しょんぼり。

そのことをブログに書くと、先ほどの寺川先生が電話をくれました。
「大丈夫ですよ」
と、言ってくださっても足は痛い。
「いえ、痛いんです」

「15分あれば大丈夫です」と先生は言うんです。

ええ？　肉離れって…
ふつうは冷やして、動かないように固定して…完治までずいぶん時間がかかるのでは？

すると、先生はこんな方法を教えてくれました。

筋肉の「痛いところ」から、同じ筋肉上の、5センチ離れたところを指で押します。
指で押したまま、動かしてみると、「痛いところ」が痛くないと感じるはずです。

「痛いところ」から5センチ離れたところを、押したまま、動かしてみたら…たしかに痛くない！

そこを押したまま、動かせる最大まで伸ばして、戻す。最大まで伸ばして、戻す。
というのを、20回ほどくり返しましょう。

恐る恐る、やってみました。
すると、な、なんと、痛みが激減！

2、3日後には、ほとんど完治していました。

一体どういうことなのか先生にたずねたところ、

急な運動をすることによって、筋肉が驚いて、「切れるかも？」と勘違いして、ギュッと固まった状態になってしまう。これが肉離れ。
でも実際、筋肉をその状態にさせているのは、筋肉そのものではなく大脳です。
大変だ！　痛いじゃないか。
動かすな、やめてくれ！
無理すると切れちゃうよ！　と脳が悲鳴をあげているわけ。
人間はかなしいことに、ついつい痛みを「痛いよね？　痛いよね？　ほらやっぱり痛い」と確認してしまうくせがあるから、筋肉はさらに固まってしまうんですね。

しかし、5センチ離れたところを押して、動かしてあげると…「あら？　痛くないね。大丈夫だね」と脳がギュッと固めていたものを手放しはじめる。
すると元の状態に、どんどんと近づいていく。
そんなイメージだそうです。
同じ方法で、寝ちがえにも、捻挫にも、ギックリ腰にも効果があるそうですよ。

痛いことにもちゃんと意味があって、脳は「痛くする」ことによってバランスを取っているんですね。
ひざに水がたまるのも、ひざが悪いから水がたまるわけではなく、水をためることによってバランスをとっているんですよね。だから対処療法として水を抜けば、バランスがくずれるから、ひざはさらに水をためようとしてしまいます。
「起こっているなにかが悪い」のではなく、「わざわざそうすることでバランスを取っている」。
そう考えると、まるでいままで見えていなかった、半分の世界が見えてくるようです。

それから本来、私たちには自然治癒力というものがあります。
が、おどろくべきことに、脳は治すことをときどき「忘れる」らしい。
そこで自然治癒力を強化する方法として、ケガをして痛いところを指さして、目をパチパチさせるといい。目は脳の一部、いわば脳の突起した部分だから、脳に痛いところを知らせてあげると、「あ！　忘れてた！」と脳が思い出し、治しはじめるそうなんです。
嘘のような本当の話（笑）。

そのとき、もう一方の手の指５本を使って、髪の毛をワサワサ〜とくすぐってあげるとさらにいいんですって。

脳はつねに自分の命に近いことからがんばるんだけど、
ケガを治すのも忘れちゃうくらいなんだから、
自分の夢とか、理想の人生なんて、きっとすぐに忘れちゃいますよね。
だから、定期的に思い出させてあげないとね。

＊

あと、個人的にこんなことも試しているんですが、病気をしてカラダがしんどいとき、カラダに引っ張られて、ココロも「しんどい世界」に連れられていきますよね。
でも、そんなとき、カラダとココロを分離して「別物」として考えることはできないか、そんな遊びをやっています。
「カラダはきついけど、ココロは楽しいもんねー♪」って。
たとえ一時的にでもココロを楽しませることができれば、免疫力も上がるし、意識は「楽しさ」にフォーカスするので、つらさもちょっと忘れられます。
また、こんなこともやってます。
ケガをした。できものができた。病気になった。

「なんで痛いわけ？」
「どうしてこうなっちゃったの？」と
痛さや気持ち悪さ、苦しさが心の中で大暴れしますが、
この痛いこと、気持ち悪いこと、苦しいことを、まずはいったん受け入れる。
受け入れたら、たとえば「この痛みは、あと3日間だね」と予想を立ててみます。
痛みと3日間、お付き合いをはじめる。
嫌うのではなく、その状態に寄り添います。
そうすると気持ちがすこしだけ楽になるし、予想よりもたいてい早く治ってくれます。

さあ、この痛みと、どんな風につきあおうか。
成長するチャンスって、実はそういうタイミングでめぐってきているのかもしれませんね。

痛いときは、
痛みを追いかけない。

気持ちが高ぶる

気功体操のはなし

qigong exercise

振動させると、悪いものが出て、いいものがたまる。

スポーツは筋肉を鍛えることができるが、
気功はからだの中を鍛えることができる、
と言われています。

いくら寝ても、寝足りない。なにをしても疲れが取れない。
そんなときは「からだの中が汚れたまま」なのかもしれないので、気功がおすすめです。

気功っていうと、
ちょっと怪しそう、難しそうなイメージがあったりします？

私もそう思っていました。
でもまわりから
「少しずつでもやれば、やった分だけ体調がよくなるよ」
とすすめられて、

興味半分でちょっとだけやってみたら…
楽しい！
からだがぽかぽかして、パワーもあふれてくるんですが、
それよりもなによりも、とにかく楽しい気持ちになる！

どんな気功をやっているかというと、
張永祥さんという気功の先生が提唱している
「ぷるぷる健康法」という、超、超かんたんな方法なんです。

これは全身の力を抜いて、からだを上下と前後に「ぷるぷる」振動させることで、からだの中にある悪いものをどんどん出していくというもの。

お百姓さんたちが、米を振るいにかけて、なかに混じった石やゴミを取り除いている光景を見たことがあるだろう。私たちも、私たちの体のなかを、これと同じ方法できれいにすることができる。

～『ぷるぷる健康法』張永祥：著

ぷるぷる振動は、からだの中の悪いものを全部、下におろしてくれます。
たとえば、おなら。

おならは悪い気の塊だから、できるだけからだの外に出した方がいいらしい。便通もよくなるらしい。あくびも出るし、あくびをすると涙が出る。どれも悪いものだから、ちゃんと出した方がいいんですって。

やりかたをご紹介しますね。

両足を肩幅に開いて立って、リラックスする。

両わきを軽くひらく。両手をぴったり腰につけない。

立ったまま目を閉じて、ゆっくり1回転。
いちばん気持ちいいと感じる方角を探す。

両手を高く上げて、あくびをする。

あくびが出なければ、
あくびのように3回深呼吸する。

両手をゆっくりおろす。

次に、親指を握るように、手を握る。
(薬指の根元に親指をつける)

それから両手のゲンコツを腰の前に持ってくる。

両手のゲンコツを、上下に強めに揺する。

その振動に合わせて、ひざのクッションを効かせる。

自然に、全身がぶるぶる上下に振動する。

腕や肩の力を抜いて、自分が気持ちよく感じるリズムとスピードで。

今度は、上下にぶるぶるする運動から、前後にぶるぶるする運動に変える。

終わったら、腕をおろして、目を閉じて、しばらくリラックス。座ったり、寝転がったりして、振動がからだにしみこむのを感じると、より効果が上がるらしいです。さらに目を閉じたまま、両手をこすり合わせて、それを顔に当ててマッサージすると、しわやしみを防ぐことができるんですって。

参考『ぷるぷる健康法』張永祥：著／
『夢が勝手にかなう「気功」洗脳術』苫米地英人：著

「健康のためにはよく運動しなさい」なんていうセリフ、何回聞かされてきたかわからないけれど、気功の世界から見ると、いちばん強い「動」は「振動」なんだそうです。振動させることによって、からだの気が整う。しかもからだが温かくなってくる。

ジョギングはからだにいいけど、ひざを痛める可能性もあります。
ウォーキングはひざを痛めないけど、内臓が上下しにくいですよね。
ぷるぷる体操は場所いらず、時間いらず、道具いらず。
ぷるぷる、ぷるぷる。
毎日５分間の“ぷるぷるタイム”は、私にとっていちばん爽快な時間。

人生はなにかと力を入れることばかりだけど、力をゆるめてあげることの大切さを感じます。

起きたら５分間、ぷるぷるする。

自分を成長させる

投影のはなし

self-projection

世界を見ているときは、
自分の心の中を見ている。

世の中のすべては、自分の心に映し出されたもの。
自分の心というフィルターを通って、投影されているものなのです。
目の前のモノを見ている。
確実に見ている。でもそこにあるものは、脳によって編集・加工されたものです。
私たちはつねに見ているモノに意味を与え、自分の色に染めて、解釈しています。
モノだけではありません。
いつも機嫌が悪い人は、不幸に敏感で幸福に鈍感だし、
いつも機嫌がいい人は、幸福に敏感で不幸に鈍感。
聞こえたのではなく、自分からわざわざ聴いているし、
見えたのではなく、自分からわざわざ観ようとしている。
そう思ったのではなく、自分からわざわざ心に届けているんです。

意地悪な人と会って、心を傷つけられた。
なんで、この人、こんなに冷たいの？
って、許せない気持ちになる。

でも、見方をすこし変えてみたらどうでしょう。
この人は、たしかにまわりの人に対して意地悪かもしれない。
けれどこの人の一番近くにいる人は誰だろう？
といえば、この人自身です。
きっと自分に対しても意地悪で、自分を傷つけ続けているんでしょう。

その人の性格は、その人の背負った運命です。
人にきびしい人は、自分にもきびしい。
人に冷たい人は、自分にも冷たい。
人を批判する人は、自分のことも批判する。
一番の被害者は、その人自身なのかもしれません。
こんな風に、自分の見方をちょっと変えてみるだけで、
そこではまったく違う現実が進行していたことに気づく場合があります。

友だちに霊能者がいます。
彼女は人気者で、顧客には大企業のリーダーもいます。
「リーダーに、一体どんなアドバイスをするんですか？」と彼女に質問をすると、
「先日は『まわりの人をほめてあげてくださいね』って、伝えました」
と答えてくれました。
部下をほめる、という行為はリーダーシップとしては基本中の基本でしょう。
でもたいていのリーダーが忘れがちなのは「ほめるところのない人を、ほめてあげる」ことなんだそうです。
なぜなら
「ほめるところのある人は、あなたがほめなくても、他の人からほめられているから」。
ほめるところのない人を、どうほめればいいかといえば、
「当たり前のこと」をほめればいいと言います。
今日も会社に遅れずにやってきたね。えらいね。
元気よくあいさつできているね。すばらしいね。って。
そうすれば、気づけばたくさんの部下たちが、自分のまわりでたくさんいいことを起こしてくれるんだそうです。

＊

またあるとき、チベット密教のお坊さんと一緒にトークセミナーを開いたとき、
会場の女性からこんな質問をもらいました。
「私はいつも落ちこんじゃうんです。どう思われますか？」

すると彼はこう答えました。

地球上には70億の人間がいます。
そのうちあなたと同じように、ネガティブな感情を感じている人が、2割ほどいると言われています。
その人たちのために、祈りを捧げてみてはどうでしょうか。
少なくともその間、あなたはそのネガティブな感情に触れることはないと思います。

人も感情も出来事も、すべては自分の心を映し出す鏡。
自分が見たいように、世界は展開していくんですね。

凹んでいるときは、誰かのために祈る。

悩みを解決する

睡眠のはなし

sleep

深く眠れば、潜在意識が教えてくれる。

眠っている間に、悩みを解決する方法がわかった。
そんな経験はありませんか。
もしくは、目覚めた瞬間、「なんであんなささいなことを、大きくとらえていたんだろう」って、そのことが問題とすら思えなくなっていることもある。
日常生活で抱えている問題のほとんどは、潜在意識が解決してくれると言われます。
そしてその潜在意識にアクセスする、もっとも簡単な方法は「寝ること」です。

睡眠は神の掟であって、私たちの問題に対する答えも、多くは、ぐっすり床の上で眠っているときにくるのです。

〜『眠りながら成功する』ジョセフ・マーフィー：著

潜在意識は眠っているときでも、生命を維持するために、からだの重要な機能をコントロールしています。基本的に潜在意識は休みません。だから眠っているときに、いい答えを得られるときがあるんですね。

そんなマーフィーの考えを応用するとするならば、潜在意識からより多くの答えをもらうためには、「よりぐっすり眠る」ということですよね。
ぐっすり眠りたい！
そのために、気持ち良い音楽を流したり、加湿器や空気清浄機を寝室に設置するのもいいでしょう。お風呂にお湯をためて、蒸気を寝室に充満させることでも、眠りの質が高まったりします。

でも、なかなか頭の中の会話が止まらなかったり、あれこれとシーンが浮かんだりして、なかなか寝つけないときもあると思います。

そんなとき、「雑念」を消すこんな方法があります。

雑念というものは、つまり「判断すること」によってわき上がるものですよね。

では、自分がコンピューターになったと仮定しましょう。
あらゆる「判断」をつかさどる、「OS」が心の中にあります。
OSがあるから、思考したり、判断したり、感じたりするんです。
では、OSを動かしているものはなんでしょうか。
基板です。
その基板をイメージしてみてください。
それを消します。
パッと、気楽に消してみます。
その瞬間、自分自身の作り上げた世界が消えていくでしょう。
無音の世界が広がります。
顔の筋肉が一気にゆるみます。
「お、雑音が消えた」と感じる瞬間です。

「お、雑音が消えた」
と、判断しているOSがまだ残っています。
そのOSを動かしている、ほかの基板があります。
こんどはその基板も消してみます。
さあ、ほとんど消えてしまいました。
でも、さらに、その意識の向こうにもいくつか基板があります。
すべて消します。

無音の世界がととのったら、こんどはからだの力をぬきはじめます。

私の場合、「力をぬこう」って思うと、かえって意識してしまって力がぬけません。
だから、筋肉というよりも、関節の力を抜くようにしています。
まず、「はじめます」と肉体に話しかける。
それから、足の指の第1関節、力を抜いてー、オッケー。第2関節、オッケー。足首、オッケー、と続けていきます。
はい、ひざ、あ、まだ抜けてないね。
もう一度、足首、ひざ、股間、そこからぐーっとあがっていって、では、内臓も力を抜いてみましょう。こんどは手の指の第1関節、はい第2、第3、手首、ひじ、肩、はい抜けた。
首まできたら、次は顔の力を抜きます。あごの力を抜く。鼻と目の奥の力を抜く。頭皮の力を抜く。
そして、最後に
「さあ、いきますよ、脳の力を抜いて」

表面にある思考はぼんやりしていますが、その奥にある、透明な意識の世界で浮遊しています。そこから「もういっこ高いところにあがってみよう」と意識の次元を上げてみることもできます。
そこは、あらゆるジャッジから解放された、やさしい空間です。
その空間へ自分を送り届けることができれば、そこから自然とあたらしい物語がはじまっていき、深い深い眠りへと落ちていくことでしょう。

ベッドに入ったら、
はしから順番に力を抜いていく。

会話を明るくする

浄化のはなし

purification

空気を変えれば、気分も変わる。

「気」は目に見えないものですが、地球上に流れているエネルギーのようなもので、いいエネルギーも、悪いエネルギーもあります。

イライラや不安、緊張や悲しみは邪気となりますが、邪気は外からやってきて、家のなかでよどみます。
お客さんが家を訪れたときや、外で人に会って家に帰ったとき、知らず知らず、運び入れてしまった良からぬ気が、部屋に充満しているかもしれません…。

部屋をそうじしたり、整理整頓したり、レイアウトを変えたり、窓をあけて換気したりすれば気持ちが明るくなりますよね。そんなごく日常的な感覚で、ぜひ「気」のクリーニングも習慣に加えてほしいんです。

ではどうすれば、「気」をクリーニングできるのか。
いちばんオーソドックスなのは、「盛り塩」ですよね。
盛り塩は、結界となって居住空間をネガティブな影響から守ってくれるそうです。
やり方は、かんたん。
玄関とか水回りの四隅に、小皿を置いて、ただそこに塩を盛るだけ。
塩は粗塩を使って、霧吹きで少しだけしめらせて、丸めた厚紙などを使うと、三角錐状に盛りやすいです。
それが難しかったら、「はじめから三角錐状になっている盛り塩」も神社や専門店で売ってるので、それを使ってみてもいいかも。
盛り塩は最低でも、月に２回は交換した方がいいんですって。
なぜなら、邪気が塩の許容量を超えちゃうと、反対に邪気を放出しはじめてしまうからだそうです。

あとおすすめなのは、浄化の効果が高いホワイトセージ。
私は「業務用ホワイトセージ」を買って、常備しています（笑）。
ホワイトセージは、アメリカの先住民たちが宗教上の儀式に用いていたハーブの一種。
いまでも聖地などで集会や儀式が行われるときは、浄化のためにこのホワイトセージをいぶす習慣があって、その場の空気を清めたり、体調の悪い人の治療に使っているんですって。

ホワイトセージは少し燃やして煙が出てきたら、振って火を消して、耐熱の容器の上に置く。
煙が出なくなったら、また火をつける。そうやって毎日、部屋の中にたまっている悪い気を浄化しています。
煙の出ているホワイトセージを持って、くるくる回しながら、部屋の四隅を歩いたり、自分や、お客さんのからだをいぶしてあげるのもおすすめです。
悪いものが消えた！　と思うと、なんだか部屋の空気も澄み渡ったように感じますよね。

一日のはじまりは、窓を開け放つ。

しあわせを生みだす

体温のはなし

body temperature

からだを温めるだけで、解決することもある。

とにかく、からだは温めるといい！

体温が１度下がると、免疫力は37％低下し、基礎代謝が12％低下し、体内酵素の働きが50％低下するといわれています。

～『薬剤師は薬を飲まない』宇多川久美子：著

免疫力が下がれば、病気にかかりやすくなったり、病気が治りにくくなります。
基礎代謝が下がると、太りやすくなります。
体内酵素の力が下がると、食べ物が消化されにくくなって、エネルギーが作られにくくなります。
それだけじゃなくて、うつっぽい気分は、「冷え」からもやってくると言われています。

からだを冷やしていいことは、ほとんどありません。
風邪を引いて熱が出たときだって「すぐ熱冷ましはしない方がいい」と言われているくらい。
なぜなら体温が高くなると、からだの中にある酵素にスイッチが入るからなんです。
熱が出るというのは、「病原菌が熱を出させた」わけじゃない。
病原菌をやっつけるために、自分からわざわざ熱を出して、眠っている兵隊たちを起こそうとしているんですね。
だけどいきなり熱冷ましをしちゃうと、兵隊が起きてくれないから、病気が長引いたりするんです。

「体温が高くなると、兵隊が起き出して、悪いものをやっつけてくれる」
これがからだのメカニズムです。
だから健康であり続けるには、「定期的に体温を上げて、悪いものをやっつけておく」という習慣が大切になってきます。

では、体温を上げるためには、どんな方法があるでしょう。
まず、からだを温める食べ物を食べるのがいいですよね。
それから、ある人からは「白湯《さゆ》がいい」と教わりました。
朝起きて、白湯を作って、朝早い時間に、白湯を飲みながら、ゆっくりしてると幸せな気持ちになれるよって。

他にも、ぬるめのお風呂に長く入るという方法もありますよね。
お湯の温度が熱かったり、肩までつかったりしていると、すぐにのぼせてお風呂から上がってしまう。
これはステーキでいうなら表面だけ焼けて、中が生みたいな状態ですよね。
でも半身浴で、本でも読みながらゆっくり入っていると、15分を超えたくらいから、どわっと汗が出てきて、兵隊が出動します。
さらに塩素を除去してくれる入浴剤や浄水器を使うと、しっかりと体内に熱が伝わり、家庭でも湯治《とうじ》（温泉治療）に近いことができます。

＊

でもそもそもなぜ、「低体温」の人が増えているのでしょうか？
それは筋肉量が関係していて、「日常的な運動の量が減って、筋肉量がどんどん減っているから」だそうです。
体温を上げるための運動は「軽く」がいい。そして歩くのが一番いいと言われています。
激しい運動はケガがつきものですが、歩くのは安全。

なにより準備がいらないし、すぐにできる。
そしてつきにくいけれど、一度つくと落ちにくいインナーマッスルを鍛えることができます。
このインナーマッスルが､体温を高く保ってくれるんですね。

『脳が生まれ変わる魔法のウォーキング』の著者、故・佐藤富雄先生によれば、歩くのは「毎日、1時間ほど」がいいそうです。
というのも､15分歩けば、やる気やひらめきにつながるドーパミンとβエンドルフィンが、40分歩けば、しあわせ物質のセロトニンが分泌されて、1時間ほど歩くと、それらのホルモンがちょうどいいバランスになるからだそうです。
ただ「今日から毎日1時間、ウォーキングをはじめよう！」と意気込むと､あとで急に面倒くさくなってきたりするので､「今日はもう少し先まで歩いてみようか」「車を少し遠くの駐車場に停めようか」くらいの軽い気持ちからはじめてはどうでしょうか。
長く歩いた直後は、あれもやってみたい！　これもやってみたい！　とほぼ間違いなくやる気がわいてくるので、このときに1日のスケジュールや、新しい計画を立てるとうまくいきます。
(1時間くらい経つと「あーあ、やる気なくなった」という

気分に戻りますが、これもホルモンのいたずらだと思って、あまり気にしないで）

歩くアクション自体も、意識を変えてみると面白いです。
私の場合は、歩くというよりも、自分のからだを前に倒し、反射で足が前に出てくるのを楽しんでいます。がんばらなくていいので、とてもおすすめです。

温かいものを食べて、お風呂にゆっくりつかって、ふだんはできるだけ歩く。
当たり前のように見えるこれらの習慣を続けていくだけで、からだの中にたまっている悪いものがどんどん出ていく。
悪いものが出ていけば、かわりに良いものがどんどん入ってくるんですよね。

昨日より、長い距離を歩いて帰る。

自分の限界を破る

セルフイメージのはなし

selfimage

「楽な方」を避けると、「楽しい方」に進む。

「もしも、おなかが痛くなったらどうしよう」
中学生の頃、おなかが弱かった私は、給食が終わるといつもこの恐怖に悩まされていました。
古い校舎は男女のトイレが共同で、もし見られたらと思うと恥ずかしく、トイレに行きたくても行けないことが多かったのです。毎日が憂鬱な気持ちでした。

ところがある日、私はいい方法を見つけます。
給食のあと、いわゆる「掃除の時間」があったのですが、私は教員用トイレの掃除当番に名乗り出ることにしました。
なぜなら、もしものときはだれに気づかれることもなくトイレを済ませられるからです。
掃除当番をサボる生徒も多い中、私は毎日欠かさず教員用トイレに足を運び、真面目に掃除をしていました。

いつものように掃除をしていると、突然ドアががらっと開きました。
そして先生にこう言われました。
「ヤマザキ、おまえは大物になるぞ」
「え？」とっさにその先生の勘違いに気づきました。
でも、関係なかったのです。
「大物になるぞ」という言葉は、心の奇妙な高ぶりとともにズシリと残りました。
以来、今でも、一瞬でその場所に飛んでいくことができるくらい、
その言葉がずーっと記憶に残っています。
「私は大物になるのである」

私たちはこんな風に、生まれてから今日まで出会った人たちから、「である」のかけらをもらいながら生きています。
「きみは本当にフットワークが軽いね」とほめられて、
（私はフットワークが軽いのである）という「である」をひとつ手に入れる。
スピーチの途中で頭が真っ白になって言葉が出てこなくなり、
（私は人前で話すのが苦手なのである）という「である」をひとつ手に入れる。

こんな風に私たちはいい意味でも、悪い意味でも、この「である」の呪縛に封じ込められています。
そして「である」の内側にいるうちは安心感が得られ、「である」から一歩外に出ると急に居心地が悪く感じられます。
なにも意識しなければ、ひとは「である」の範囲から出ることなく、現状維持の毎日をくり返す。
「である」は想定できるものだからです。

人間は
「想定できる苦痛」と
「想定できない苦痛」という選択肢があった場合、
こちらの方がいいと、頭ではわかっていたとしても、
「想定できない方」を選択することができません。
「もう我慢できない」という状態にならないと、よりいい方を選べないのです。

たとえば辞めた方がいいとわかっているが、会社を辞められない。
辞めたら、やっていけるのだろうか。
本当は辞めた方がいいんだけどな…。
これと似たようなケース、心当たりありませんか？
でも「である」はただの思い込みであって、人生を面白くす

るチャンスは、かならず「である」の外にあるんですよね。

「である」の外に出たい。
ところが、人間の生存本能は“「である」の外は危険だ”と判断するので、
急に外に出ようとすれば、いろんな理由をつけて、出ることを拒みます。
そこでおすすめなのは、１日１回「ちょっと不安を感じること」をやってみること。
簡単なことでいい。
いつもと違う人をランチに誘ってみるとか、いつもより早く帰ってみるとか、いつもと違うメニューをためしてみるとか、
そんなことで、ちょっとずつ「である」から出てみましょう。
「よく考えてみる」っていうのはダメ。よく考えれば考えるほど、「である」の中に入ってしまうからです。
この小さな冒険をくり返すことで、いつか大きな冒険ができるようになっていることでしょう。

アウェイな場所に行ってみる。

自分が好きになる

香りのはなし

fragrance

香りを変えると、生活全体が変わる。

五感を使いながら、私たちは生きています。
だから五感に触れるものを変えてみるだけで、
あたらしい暮らしはすぐにはじまります。

とくに嗅覚は重要です。
潜在意識は香りに強く影響されているので、自分の好きな香りをまとうことによって、自分自身にいい影響を与えることができます。

たとえば心を落ち着けるために、お香をたいてみる。
気分を切り替えるために、アロマオイルを胸元につける（体温であたたまって、自然と鼻先にやってくる感じが好きです）。
自然に香りが漂ってくる、アロマペンダントを使ってもいいです。

アロマセラピーは、ローズマリーやレモンなどを使うと、脳の若返りにも効果があると言われていますよね。
いい香りに触れると、「いい予感」がやってきます。

香水は、まわりに影響を与えます。
自分の印象を決めてしまう強い要素になるので、自分が好きな香りかどうか、だけではなく「私にあっているかどうか？」信頼できる友だちにたしかめるようにしています。

他にもシャンプー、入浴剤、洗剤、キャンドル、ルームフレグランス…なんでも、
いい香りに包まれているだけで、なんてしあわせな気持ちになるんでしょう！
部屋を包んでいる香りの集合体は、感情や思い出、ひいては風景をつむぎだし、まさに私たちの生き方そのものをかたちづくっています。

あなたはこれから、どんなライフスタイルを実現させたいでしょうか。
あなたの憧れの生活は、一体どんな香りで満たされているでしょうか。

憧れの香りを使って、憧れの毎日を演出していく。
ただそれだけのことで、いつか見えないチカラが、あなたを
遠くへ運んでいってくれるかもしれません。

好きな香りを、持ち歩く。

あとがき
Epilogue

私がまだ幼稚園に通っていた頃、真珠養殖を営む両親に手を引かれて、工場のある海辺へよく連れていかれたものです。
海辺には、家族経営の小さな真珠工場と、また一方では、都会の人が建てた別荘とが点在していましたが、うちの工場の近くにあった別荘はずっと誰も住んでおらず、まわりは草ぼうぼうでした。
ところがあるとき、別荘に明かりがともっていることに気づきます。
数日後、“中国人らしき男があの別荘に住み、近くの真珠工場をまわって、宗教の勧誘をしている”という噂が広がりました。
その男が、うちの真珠工場にもやってきます。
そして片言の日本語で誘われ、その夜、なぜか私は父に連れられ、その別荘を訪れることになります。
別荘の中はほとんど物がなく、清潔に保たれていました。

お香の匂いと蛍光灯の灯りがやたらと目に眩しかったのを覚えています。
いまとなっては、男の顔の像は結べません。
ただ話した内容だけは、いまでも鮮明に覚えています。
男は、私たちにこう語りかけました。

今からお教えするのは、神様の言葉とお祈りです。
このロウソクが消える頃には､覚えておくことはできません。
ただ、神様は助けてくださることでしょう。

彼が教えてくれたそれは、お祈りの仕方と、およそ言葉とは言えないような響きの言葉でした。
「この方法は絶対、誰にも教えてはいけません」
そう強く念をおされ、私たちは不思議な気持ちで別荘を後にしました。

その後、彼は忽然といなくなり、別荘の明かりは消え、そこはふたたび草におおわれました。
あれから40年以上たちますが、あのときの不思議な気持ちとともに、教えてもらった呪文とお祈りの方法は実はまだちゃんと記憶していて、いまでも人生の要所要所で使わせていただいています。

その呪文やお祈りによって、なにか効果が得られたのか、それともただの思い込みだったのか。
ただ、この呪文やお祈りの効果を信じることによって、いつも根拠のない自信がわいてきて、「物事がうまくいきそう！」という気持ちになるのです。

見えないチカラ。
その象徴的な存在として、「お墓」というものがあります。
私のまわりにいる成功している人、うまくいってる人はお墓参りが好きです。
お彼岸とか、お盆というタイミングとは関係なく、まるで定期検診にいくかのように自分のリズムでお墓参りをしています。

成功と、お墓参りにどういう関連性があるのかはわかりませんが、私は勝手にこんなイメージをしています。
誰もが「人生のキャンバス」みたいなものを持っていて、
そして生まれた日から今日まで、そのキャンバスにひたすら絵を描き続けている。
絵はどんどん増えている。けれど、キャンバスの「大きさ」は意識できていない。

お墓参りにいって、人生を終えたご先祖たちを目の前にすると、キャンバスの「輪郭」を意識することになる。
目の前に広がる余白が、見えてくる。
残りの人生でなにをすべきか。
人の脳みそは余白を埋めたがるもの。だから、お墓参りをするだけで、自然と自分が今やるべきことが見えたり、未来のビジョンが見えてくるというわけです。

また、
この世にいる私たちにとって、お墓という場所は、基本的にはコミットメントの場所だと思っています。
ご先祖さまに「最近こういうことがありました」という報告をして、「これからこういう風にしようと思っているんです」と自分の決意を伝える場所。
さらに神社もお墓も「お願い事はするべきじゃない」ってよく言われますが、私はひとつだけお願いをすることにしています。
「私が学ぶべきことはすべて、学ぶべきタイミングで、起こしてください。起こったことは、すべて受け入れますので」
そう誓うことによって、見えないつながりを信じる力や感じる力を、ふたたび思い出し、明日からがんばろう！
絶対に後悔しない人生を送ろう！　そう心から思えるように

なるからです。

というわけで最後に、緩和医療にたずさわる大津秀一先生の本から、「死ぬときに後悔すること」をご紹介してこの本をしめくくりたいと思います。

死ぬときに後悔すること。

①健康を大切にしなかったこと
②たばこを止めなかったこと
③生前の意思を示さなかったこと
④治療の意味を見失ってしまったこと
⑤自分のやりたいことをやらなかったこと
⑥夢をかなえられなかったこと
⑦悪事に手を染めたこと
⑧感情に振り回された一生を過ごしたこと
⑨他人に優しくしなかったこと
⑩自分が一番と信じて疑わなかったこと
⑪遺産をどうするかを決めなかったこと
⑫自分の葬儀を考えなかったこと
⑬故郷に帰らなかったこと
⑭美味しいものを食べておかなかったこと

⑮仕事ばかりで趣味に時間を割かなかったこと

⑯行きたい場所に旅行しなかったこと

⑰会いたい人に会っておかなかったこと

⑱記憶に残る恋愛をしなかったこと

⑲結婚をしなかったこと

⑳子供を育てなかったこと

㉑子供を結婚させなかったこと

㉒自分の生きた証を残さなかったこと

㉓生と死の問題を乗り越えられなかったこと

㉔神仏の教えを知らなかったこと

㉕愛する人に「ありがとう」と伝えなかったこと

～『死ぬときに後悔すること 25』より

最後まで読んでくださって、本当にありがとうございました。

山﨑拓巳

【参考書籍】

『チベット仏教からの幸せの処方箋』Dr. バリー・カーズィン：著／丸山智恵子：訳（オープンセンス）
『魔法の習慣』 佐藤伝：著（学研パブリッシング）
『強運に生きる女神のたしなみ』天宮玲桜：著（かんき出版）
『あなたと宇宙とあなたの使命～潜在意識は知っている』浅見帆帆子：著（世界文化社）
『カエルを食べてしまえ！』ブライアン・トレーシー：著／門田美鈴：訳（ダイヤモンド社）
『一生折れない自信のつくり方』青木仁志：著（アチーブメント出版）
『人生を成功に導く星の教え』來夢：著／神田昌典：監修（実業之日本社）
『自分の四季を知り、負けない運をつくる 春夏秋冬占い』來夢：著（実業之日本社）
『なぜ春はこない？』神田昌典：著／來夢：監修（実業之日本社）
『SELF CLEANING BOOK ―あたらしい自分になる本』服部みれい：著（アスペクト）
『5（ファイブ）5 年後、あなたはどこにいるのだろう？』ダン・ゼドラ：著／伊東奈美子：訳（海と月社）
『あなたのもの忘れ、「いわゆるボケ」ですか「認知症」ですか？ 認知症を早期に発見するために』浦上克哉：著（徳間書店）
『薬剤師は薬を飲まない』宇多川久美子：著（廣済堂出版）
『夢が勝手にかなう「気功」洗脳術～脳科学から見た「気功」の正体』苫米地英人：著（マキノ出版）
『眠りながら成功する―自己暗示と潜在意識の活用』ジョセフ・マーフィー：著／大島淳一：訳（産能大出版部）
『ぷるぷる健康法―体を振動させてやせる・美しくなる』張永祥：著（たま出版）
『ハーバード流 自分の潜在能力を発揮させる技術』マリオ・アロンソ・プッチ：著／梶浦真美：訳（アチーブメント出版）
『RELAX HACKS！』小山龍介・小室淑恵：著（マガジンハウス）
『身体にこの兆候が出始めると数年後にうつになる！あなたは大丈夫か？』岩本和也：著／高野一郎：監修（ごま書房新社）
『脳が生まれ変わる魔法のウォーキング』佐藤富雄：著（宝島社）
『バシャール・ペーパーバック 1 ―ワクワクが人生の道標となる。』ダリル・アンカ：著／関野直行：訳（ヴォイス）
『自由であり続けるために 20 代で捨てるべき 50 のこと』四角大輔：著（サンクチュアリ出版）
『スタンフォードの自分を変える教室』ケリー・マクゴニガル：著／神崎朗子：訳（大和書房）
『媚びない人生』ジョン・キム：著（ダイヤモンド社）
『2022 ――これから 10 年、活躍できる人の条件』神田昌典：著（PHP 研究所）
『死ぬときに後悔すること 25』大津秀一：著（致知出版社）
『脳と言葉を上手に使う NLP の教科書』前田忠志：著（実務教育出版）
『星の王子さま バンド・デシネ版』ジョアン・スファール：作／アントワーヌ・ド・サン＝テグジュペリ：原作／池澤夏樹：訳（サンクチュアリ出版）
『生きがいの創造―“生まれ変わりの科学”が人生を変える』飯田史彦：著（PHP 研究所）
『いいことだけが「今」から起きる ももいろ波長の身につけ方』和田裕美：著（ポプラ社）
『50 万人が実感した、すごいスイッチ！ 耳ツボ神門メソッド』飯島敬一：著（ゴマブックス）

執筆にあたって以上の文献を参考にさせていただきました。
この場を借りてお礼を申し上げます。

山﨑拓巳

TAKUMI YAMAZAKI

1965年三重県生まれ。広島大学教育学部中退。22歳で有限会社たくを設立し、現在は3社を運営。「凄いことはアッサリ起きる」-夢-実現プロデューサーとして"メンタルマネジメント""コミュニケーション術""リーダーシップ論"など多ジャンルにわたって講演活動中。並外れた話術とカリスマ性、斬新なビジネス理論で、男女を問わず多くの人々を魅了しており、ＴＳＵＴＡＹＡビジネスカレッジのコミュニケーションスキル部門・学習／ライフスタイル部門において人気投票1位を獲得。

著書には『やる気のスイッチ！』『人生のプロジェクト』『気くばりのツボ』（以上サンクチュアリ出版）などがあり、累計販売部数は110万部を突破。代表作『やる気のスイッチ！』は、2011年に英語版『SHIFT』として全米で刊行。他にも北京語、ハングル、アラビア語などに翻訳され、広く海外で出版されている。また出版以外にもメールマガジン、映像制作、絵画、イラスト、写真など活躍の場を広げている。

詳しくは…

Official site　http://www.taku.gr.jp/

Facebook　https://www.facebook.com/takumi.yamazaki/

Blog　http://www.taku-blog.jp/

見えないチカラを味方につけるコツ

2014年6月20日　初版発行

著者　山﨑拓巳

装丁イラスト　ヒラノトシユキ
本文イラスト　風間勇人
デザイン　井上新八

印刷・製本　萩原印刷株式会社
カバー印刷　福島印刷工業株式会社
発行者　鶴巻謙介
発行所　サンクチュアリ出版

〒151-0051　東京都 渋谷区 千駄ヶ谷 2-38-1
TEL:03-5775-5192　FAX:03-5775-5193
http://www.sanctuarybooks.jp
info@sanctuarybooks.jp

ISBN978-4-8014-0004-7

PRINTED IN JAPAN
落丁本・乱丁本は送料小社負担にてお取り替えいたします。